AF451615

EXPOSITION

DES PRODUITS

INDUSTRIELS ET MANUFACTURÉS.

38266

C.

VILLE DE 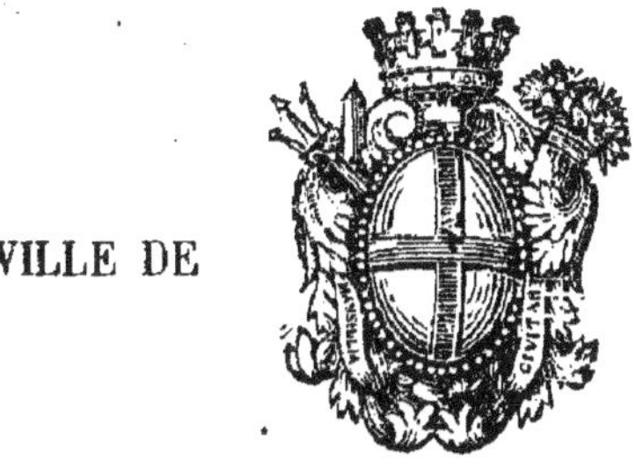 MARSEILLE.

EXPOSITION

DES PRODUITS

INDUSTRIELS ET MANUFACTURÉS.

Mai 1861.

—

LIVRET.

—

PRIX : 50 CENT.

—

MARSEILLE.
IMPRIMERIE ET LITHOGRAPHIE DE JULES BARILE,
Rue Paradis, 13.

—

1861.

EXPOSITION INDUSTRIELLE

MARSEILLAISE.

—

A l'occasion du Concours Régional institué pour 1861, à Marseille, par M. le Ministre de l'Agriculture, du Commerce et des Travaux Publics, la Municipalité de Marseille a eu l'heureuse pensée d'adjoindre au Concours Régional diverses autres Expositions, et entr'autres une Exposition spéciale des produits industriels et manufacturés de la région.

Cette résolution ayant reçu l'approbation de M. le Sénateur chargé de l'Administration du département des Bouches-du-Rhône, l'Exposition Industrielle fut annoncée le 22 février 1861.

La Commission générale du Concours Régional et des Expositions accessoires formée, sous la présidence de M. le Maire, de MM. les Conseillers municipaux dont les noms suivent :

MM. Rougemont (Jules), Vice-Président, Guigou (Julien), Secrétaire, Falque aîné, Carrier de Bubaton, Bernex, Jouvin et Eméric-Party furent chargés d'aviser à l'installation des locaux destinés à l'Exposition Industrielle.

D'autre part, le soin de l'organisation de cette Exposition fut remis, le 12 mars, à une commission spéciale composée de :

MM. PASTRÉ (Jean-Baptiste) , Président de la Chambre de Commerce. — Président.

ARMAND (Amédée) , Vice-Président de la Chambre de Commerce. — Vice-Président.

MORREN , doyen à la Faculté des Sciences. — Secrétaire.

ARNAVON (Honoré), fabricant de savon.

BARTHET (Esprit) , Vice-Président de la Société départementale d'Agriculture.

BLANQUI (Achille), tapissier, marchand de meubles.

CHAUDOIN , docteur en médecine.

DANIEL (Achille), fabricant de soude.

DAUMAS (D'Alléon) , fabricant de savon , Conseiller municipal.

DESPLACE (Gustave), Ingénieur des Ponts et Chaussées.

DELACOUR , Ingénieur des constructions navales, (Messageries Impériales), à La Ciotat.

FAVRE , professeur de Chimie à la Faculté des Sciences.

FRANTZ (Guillaume), négociant, Conseiller municipal.

GIMMIC , Président du Tribunal de Commerce.

GOUNELLE (Charles), fabricant d'huile et de savon.

GRANDVAL (Alphonse), raffineur de sucre.

GUILHEM , négociant , Industrie métallurgique.

SAINT-JOANNIS , mécanicien.

JOUVIN , constructeur de navires , Conseiller municipal.

MAIFFREDY (Joseph), Conseiller municipal,

MAUREL (Toussaint), fondeur.

PERRIÉ , Ingénieur des Ponts et Chaussées.

RÉGIS ainé , négociant.

ROUX (Marius), adjoint au Maire.

SENTIS (Eugène), Ingénieur en chef des mines.

SIGNORET (Gaspard), Conseiller municipal.

Une vaste galerie mise à la disposition de la Commission spéciale (Cours du Chapitre) a été reconnue bientôt insuffisante pour recevoir les nombreux produits présentés.

La construction d'une annexe plus spécialement destinée à recevoir les machines a permis de donner suite aux admissions.

Plus de 1200 producteurs industriels ou manufacturiers ont été admis à exposer, et la presque totalité a fait parvenir ses produits à l'Exposition Marseillaise.

Nous donnons ici le Catalogue des objets déjà classés et exposés.

Un supplément fera connaître prochainement le nom des exposants de divers produits dont le classement définitif n'a pas encore été possible.

La Commission spéciale a adopté pour les produits la classification suivante :

1re Classe.

Minerais, — Métaux, — Alliages, — Extraction et Traitement, — Industrie et Travaux se rattachant à la Métallurgie.

2me Classe.

Manufacture de Produits Minéraux, — Acier et Coutellerie, Instruments de Chirurgie, — Fontes ouvrées et Bronze d'Art, — Chaudronnerie et Ferblanterie, — Serrurerie, — Bijouterie et Joaillerie, — Appareils de Chauffage et Éclairage.

3me Classe.

CÉRAMIQUE.

Verreries, — Cristaux, — Vitraux d'Église, — Faïences, — Porcelaines brutes ou décorées, — Poteries Communes, — Argiles, — Terres Réfractaires, — Bouchons.

4me Classe.

CONSTRUCTION.

Matériaux, — Pierres, — Ciments, — Mortiers, — Briques, — Bois, — Marbres, — Menuiserie et Vitrerie, — Plans et Appareils.

5me Classe.

MARINE ET ART MILITAIRE.

Constructions navales, — Signaux, — Voiles, — Cordages, Appareils de sauvetage, — Pêche, — Filets, — Art militaire, — Armes.

6me Classe.

MACHINES.

Matériel de Chemin de Fer, — Machines à Vapeur, — Machines Hydrauliques et Ventilateurs, — Outils, — Machines diverses, — Métiers, etc.

7me Classe.

INSTRUMENS DE PHYSIQUE ET DE PRÉCISION.

Instrumens de Pesage et de Mesurage, — Horlogerie, — Instrumens de Physique, d'Optique et de Photographie, — Appareils Électriques.

8me Classe.

INSTRUMENS DE MUSIQUE.

Instrumens à vent, — Instrumens à corde , — Fabrications accessoires.

9me Classe.

IMPRIMERIE, RELIURE.

Imprimerie, — Lithographie, etc. , — Photographie, — Gravure, — Librairie , — Reliure.

10me Classe.

PRODUITS CHIMIQUES.

Produits de Pharmacie et de Laboratoire, — Produits chimiques dérivés du sel, — Corps gras, — Savons, — Papiers, — Papiers peints, — Couleurs, — Vernis, — Teintures et impressions, — Cuirs et Peaux, — Parfumerie, — Essences, — Industries diverses.

11me Classe.

SUBSTANCES ALIMENTAIRES.

Farines, — Fécules, — Pàtes, — Conserves et Condiments, confiserie, — Industrie des Sels.

12me Classe.

MANUFACTURES DE TISSUS.

Laines, — Draps, — Tapis, — Lins et Chanvres, — Cotons, — Bonneteries, — Soies, — Rubannerie, — Passementerie.

13me Classe.

AMEUBLEMENT ET DÉCORATION.

Ébénisterie, — Tabletterie, — Meubles, — Dorures, — Objets de fantaisie, — Tentures, — Ustensiles de ménage.

14me Classe.

ARTICLES DE VOYAGE.

Carrosserie et Bourrellerie, — Articles Divers, — Confections.

15me Classe.

CONFECTIONS DIVERSES.

Lingerie, — Dentelles, — Broderies, — Ornements religieux, — Vêtements, - Gants et Chaussures, — Chapellerie et Foürrures, — Quincaillerie, — Modes, — Fleurs artificielles, — Jouets, — Machines et Outils servant à des confections.— Caoutchouc.

Les numéros donnés aux Exposants dans le livret représentent, dans la 1re colonne, celui du Catalogue, et la 2e colonne porte le numéro d'ordre; soit de réception.

L'Exposition est ouverte au public, tous les jours, de neuf heures du matin à sept heures et demie du soir, sauf le vendredi où elle n'est ouverte que de une heure après midi à sept heures et demie. Les tourniquets d'entrée sont fermés tous les jours à six heures et demie du soir.

INDUSTRIE.

1ʳᵉ SECTION

Comprenant Minerais, Métaux, Alliages, Extraction et Traitement, Industrie et Travaux se rattachant à la Métallurgie.

1 —   6 Administration des R.-R. Mines, forges et Fonderies de Toscane.- Minerais, Fontes et Fers, (représenté par M. Jules IMBERT, à Marseille.)

2 —   16 BEAU (FRANÇOIS - PIERRE - MARIE), à la Grand-Combe.— Houilles de la Grand-Combe, Agglomérés, Rondins.

3 —   23 BEAU (DAVID), à Alais.— Régule, Crocus et Verre d'Antimoine.

4 —   5 BONNAUD (RUZUTIL), à Marseille.—Creusets en plombagine pour la fonte des Métaux.

5 — 1173 BOUILLET, Zingueur, à Paris. — Zinc, Bandes à T. (Bouillet).

6 — 13. BOUQUET et SERPIERI, à Marseille.— Plomb d'œuvre argentifère provenant de la fonte des scories romaines, de l'île de Sardaigne. Scories de plomb argentifère de la même provenance préparées dans les usines de DOMUS NAVAS, appartenant à M. M. Bouquet et Serpieri.

7 — 87 *bis* BRIQUELER P., neveu, à Marseille. —Houilles, Coke et Minerais de fer.

8 — 11 CHABAUD (LÉOPOLD), à St-Gervais (Hérault).—Houilles pour la grille.

9 — 689 CHAMUSSY (DANIEL), à Romanèche (Saône-et-Loire). — Minerais de Manganèse.

10 — 688 CHAVANON de Corbière, à Alais.— Pyrite blanche de fer.

11 — 20 COURTÈS (ÉDOUARD), à Uzès.

12 — 21 DERVIEU, Aîné et C°, à Marseille. — Plomb argentifère.

13 — 690 ECHEMENT (F. G.), à Marseille.—Agglomérés de Combustibles divers.

14 — 14 FOEX (IMER) et C°, à Marseille. — Minerais de cuivre.

15 — 22 GAUTIER (JEAN-BAPTISTE), à Marseille. — Minerai de plomb argentifère de Garrouban, Litharge en paillettes, plomb affiné, Vases en cuivre.

16 — 21 A LAYET et MARTEL, à Marseille.—Charbon (Anthracite).

17 —   24 MARTOT , à Langres.— Meules à aigui
ser , de Celles et de Marcilly.

18 —   448 MICHEL (ARMAND et Cie), à Marseille.—
Bloc lignite.

19 —   3 MIRIAL (JULES), à Pallières (Gard). —
Pyrites de fer.

20 —   10 NICOLAS (JEAN-BAPTISTE , à Ajaccio.
— Minerais de cuivre , de Plomb , de
Zinc, Sulfate de Plomb et Pyrites.

21 —   9 NIEL et GLIZE , à Roquevaire.— Oxide
de Plomb, Minium et Faïence fine.

22 —   2 OLIVIER , à Arles. — Minerais de fer
(Psauxite).

23 —   1 RAYMOND, (FRANCISQUE), à Marseille.
— Échantillons de cuivre à l'état de
philipsite, (cuivre panaché.)

24 —   17 RICARD (DANIEL), à Alais.— Série de
Minerai de plomb argentifère.

24 b.   ROUX ET BERNABO , à Rustrel. —
Minerai de fer ; Charbon de bois,
fers en barre et acier naturel.

25 —   18 ROUX (VICTOR), à Marseille.— Agglomérés de Briquettes.

26 —   4 SIMON , à Alais. — Minerai de plomb.

27 — 1071 WOLSKI, à Auriol. — 1 bloc lignite échantillons de roche de charbons, atlas et plans.

2me SECTION

Comprenant la Manufacture des Produits Minéraux, Acier et Coutellerie, Instruments de Chirurgie, Fontes ouvrées et Bronzes d'Art. Chaudronnerie et Ferblanterie. Serrurerie, Bijouterie et Joaillerie, Appareils de Chauffage et Éclairage.

28 —   46 ALLÈGRE (AMALBERT), à Aix. — Grilles en fer forgées.

29 —   132 AMPHOUX (HENRI) à Marseille. — Bijouterie.

30 —   148 ASTIER et MAUREL, à Marseille. — Crochets et chaines (or et argent.)

31 —   114 ASTOUIN (JACQUES) à Marseille. — Ornementation des bassins (plantes imitées.)

32 —   99 AVAT (HIPPOLYTE) à Marseille. — Appareils d'éclairage.

33 —   55 BARBAT (DOSSEUR) à Coursan. — Robinets divers, appareils portatifs pour bains de vapeur et lanternes signaux pour chemins de fer.

34 —   88 BARBOU (NOEL - VICTOR) à Paris. — Porte-bouteilles en fer.

35 —   150 BARDOU (EMILE) à Paris. — Porte-bouteilles en fer.

36 — 115 BARESTRE, à Marseille. — Cheminées diverses.

37 — 68 BAUDOUIN (Eugène), à Marseille. — Carillons et bourdons en airain, coussinet à sphère en fonte et acier.

38 — 155 BEILON (M.) aîné, à Marseille. — Couverts d'argent assortis.

39 — 142 BERNARD (Gabriel), à Marseille. — Bijouterie.

40 — 40 BICHLER (Antoine), à Marseille. — Filtres continus en zinc pour la clarification des liquides.

41 — 62 BOUILLIN, à Paris. — Persiennes en fer laminé.

42 — 109 BOURRET et Cie, PERRÉ, à Paris. — Bijouterie.

43 — 122 BOURGINE (E.) à Paris. — Seaux hygiéniques.

44 — 50 BOURJAC, à Marseille. — Fers pour empêcher les chevaux de glisser.

45 — 55 BOUTHIÉ, à Montpellier. — Lampes à schiste.

46 — 125 BRUN (Pierre), à Lyon. — Forges portatives.

47 — 105 CAMAU (Jules et Cie), à Marseille. — Capsules pour boucher les bouteilles, chocolats, parfumerie et charcuterie.

48 — 126 CARAYON (Adolphe), à Durfort. — Chaudières, chaudrons et casserolles.

49 —   56 CASTEL (Charles) à Lyon.— Emporte-
           pièces et marques à chaud.

50 —   157 CELLIER (Louis), à Marseille.— Bijou-
           teries diverses.

51 —   1155 CHAMEROY et Cie, à Marseille. —
           Tuyaux en tôle bitumés.

52 —   150 CHAMPSAUR (F.), à Marseille.—Filtres
           syphoïdes en zinc.

53 —   52 CHEVRET (Paul), à Marseille. — Au-
           réoles en cuivre et fer blanc.

54 —   85 CHRISTOFLE (Charles), à Paris.-- Orfé-
           vrerie argentée et en argent.

55 —   102 COMEAUX (Louis), à la Mulatière. —
           Outils en acier fondu.

56 —   79 COSNARD , à Marseille.— Consoles en
           fonte de fer.

57 —   150 COURTIER (Charles), à Marseille. —
           Orfèvrerie Ruolz.

58 —   52 GROS (Victor), à Clermont (Hérault).
           — Paumelles en fer, Couteaux, Scies.

59 —   159 CROZE - MAGNAN , à Marseille. — Bro-
           ches en brillant montées sur or.

60 —   146 DELPIN (Marius), à Marseille.— Bijou-
           teries diverses.

61 —   65 DELUY et C°, à Paris.— Cuivres divers.

62 —   124 DUMERY, (représenté par Fabre Eu-
           gène), à Paris.— Déjecteur anti-cal-
           caire.

63 —   76 DUSSARD MARGALHAM et Cᵉ, à Paris.
        — Fers et tôles divers.

64 —   43 FABRÈGE (Camille), à Montpellier. —
        Fermetures en fer pour porte et devanture.

65 —   55 FANGUIN, frères et cousins, à Cadognan. — Essieux de charrettes.

66 —   58 FARA neveu, à Marseille.— Forge portative cylindrique.

67 —   85 FAVIER, serrurier-mécanicien, (représenté par Banville), à Paris. — Lits en fer pour la marine, hôpitaux, etc.

68 —   144 FÈBRE, à Marseille.— Bijouterie.

69 —   60 FICHET, à Marseille. — Coffres-forts.

70 —   155 FORTOUL, à Marseille. — Bijouterie en or.

71 —   95 FOUCAULT (Jules), à Marseille.— Entourage en fil de fer pour jardin.

72 —   51 FRAISSINET (Édouard), à Alais.— Porte-bouteilles ouverts et fermés.

73 —   156 GALLAND, à Marseille. — Bijouterie.

74 —   54 GARDET, à Nîmes. — Fourneaux économiques, poêles et calorifères.

75 —   121 GARNIER (Ernest), à Paris. — Zincs divers et minerais.

76 —   104 GASPARD fils, à Avignon. — Tuyaux, pompes, plaques assortis.

77 —   117 GASQUET (Auguste), à Sᵗ-Zacharie. — Tarrière régulatrice.

78 —   74 GATEAU , à Marseille. — Filtres en fer battu.

79 —   134 GAUBERT et MOUTON, à Marseille.— Bijouterie en or.

80 —   143 GERMAIN et GARNIER, à Marseille.— Bijouterie en or.

81 —   103 GIOVANA dit JOANNEL, à Aps.—Ferblanterie.

82 —   118 GODIN LEMAIRE, à Guise.— Appareils de cuisine et appareils de chauffage.

83 —   67 GODIN jeune, à Etreux. — Fourneaux et cheminées en fonte.

84 —   64 GOELZER, Ph. , à Paris.—Lustres et lampes divers.

85 —   111 GRIMAUD et GRAS, à Marseille.— Chassis de cheminées.

86 —   93 GUILLEM et Cᵉ, à Marseille. — Planches de cuivre, bloc d'argent, litharge.

87   — 48 GUINIER à Paris, Robinets à clapets et repoussoirs, (représenté par Banville et Signe), à Marseille.

88 —   110 GUIRAUD, (Louis) mécanicien, à Marseille. — Essieu de voiture à patent avec sa roue.

89 —   28 GUY (Dominique), à Montpellier.— lampes pour huile de schiste.

90 — 1156 HAVEL, à Marseille.— Toles , longerons, fers doubles, T, et divers fers spéciaux.

91 —   86 IMBERT et Ce, (représenté par BANVIL-LE), à Saint-Chaumont.—Foyer appareil fumivore.

92 — 106 ISAMBERT, à Paris — Serre hollandaise et chassis.

93 —   80 JEANSOULIN, à Marseille. — Noria en fer.

94 — 145 JUGE, à Marseille.— Orfévrerie.

95 —   66 JALADIER (GUILLAUME), à Montpellier. Tables en fer pour cafés.

96 — 141 JULLIEN, à Marseille.—Bijouterie en or.

97 —   26 KALIL et FOURNIER, à Marseille.— Coffres-forts,

98 —   90 LAFORGUE (JACQUES), à Marseille. — Lits et fauteuils, chaises en fer.

99 —   57 LAMOUROUX (JULES), à Marseille.— Sonde pour le blé en cuivre jaune.

100 —   27 LANDRE GRAS et Ce, à Marseille.— Schiste, minerai et huile brute etc., etc.

101 — 147 LAUTAL L. à Marseille.— Bijouterie.

102 —   35 LIAUTARD, jeune, à Marseille.— Baignoire et ses fourneaux.

103 —   72 LIONS, cadet, à Marseille.— Instruments de chirurgie et coutellerie, etc.

104 { 59 / 77 LONG, (HENRI) à Marseille. — Bondes en cuivre pour l'écoulement des treuils.

105 — 96 MAGNIQUE et BRUN, à Marseille.—
Tubes divers.

106 — 63 MALENCHINI (Roch), à Marseille. —
Vases, plombs de chasse, etc., etc.

107 — 55 MARTIN et Cᵉ, à Marseille.— Etain en
feuilles.

108 — 119 MASSIÈRE (E.) à Paris. — Etain en
feuilles, papier métallique, etc.

109 — 89 MAUHÈS (Antoine), à Marseille. —
Une fontaine cuivre rouge pour maisons, etc.

110 — 69 MAURAN (Jean-Baptiste), à Marseille.
— Un tamis pour soufrer la vigne.

111 — 150 MAUREL, à Marseille.--Bijouterie en or.

112 { 107 MAUREL (Toussaint), bronzes d'art,
108 grande statue, système de cloches,
pompes à incendie et autres, garde-robe
inodore, bondes nouveau modèle pour
tonneaux.

113 — 1126 MEIFFRET, à Marseille. — Deux modèles d'espagnolettes.

114 — 116 MILISCH et fils, Paris.— Bijouterie en
or et en argent.

115 — 150 MIROY (Frères) à Paris.—Statues en
bronze.

116 — 98 MONGET (Régis), à Marseille. — Bu-
reaux et jardinières en fer.

117 — 82 MORLOT (L.) à Marseille. — Couverts
et orfèvreries dorés et argentés.

118 —   94 MOUTTE (PAUL), à Marseille. — Bijouterie.

119 —   50 NEL (THOMAS), à Marseille.— Robinets
et pompes.

120 —   47 NEL (PHILIPPE), à Marseille.— Baignoire
à chauffage économique.

121 —   57 NICOLAS (MARIUS), à Nîmes. — Pen-
tures en fer forgé pour ornementation
de portes.

122 —   45 NICOLLE et GALLAN, à Paris. — Lustres, candélabres, compteurs, etc.

123 —   49 OGIER (ANTOINE), à Marseille.— Tom-
bereau en tôle avec ses roues, fer et
fonte.

124 —   113 OUDRY (LÉOPOLD), à Paris.— Candelabres divers, etc.

125 —   44 PATOT (HENRI) et Ce à Marseille.— Un
appareil servant à produire le gaz à
domicile.

126 —   75 PAYEN, à Marseille.— Grilles en fonte
de fer.

127 —   64 PAYAN, à Avignon. — Instruments à
peser les fruits et liqueurs.

128 —   131 PELLEGRIN, à Marseille.— Bijouterie.

129 —   84 PERRAULT (EUGÈNE), à Marseille. —
Comptoirs de magasins ou meubles
d'appartements.

130 —   81 PETIN GAUDET et Ce, (représenté par
CROZET et NOYERS, Marseille). à Rive-
de-Gier. — Tôles en fer et d'acier
fondu.

131 —   97 PISSIN (Joseph) à Aix. — Appareils de
grilles.

132 —   140 RAYBAUDY (Joseph), à Marseille.— Bijouterie.

133 —   149 REMUSAT (Victor), à Marseille. —
Crochets et chaînes en or et argent.

134 —   78 RICHARD (Pierre), à Marseille.— Sou
dure de cuivre.

135 —   129 ROCCAS (Gouirand), à Marseille.— Bijouterie en or.

136 —   100 ROUX (Félicien), à Marseille.— Balais
pinceaux à jumelles et bouchardes à
dents.

137 —   92 Sᵗ-JOANIS et DEVÈZE , à Marseille. —
Tuyaux en cuivre rouge.

138 —   31 SAUVE et MAGAUD, à Marseille.— Cof-
fres-fort.

139 —   58 SERVEL (Léon), à Montpellier.—Grilles
en fer.

140 —   125 SICARD ainé, à Marseille.— Tuyaux et
couronnes en plomb et étain pour con-
duits d'eau, etc.

141 — 150ʙ SIMONET (J.-B.), à Marseille.— Vases
en fer blanc , etc.

142 —   73 SIRY, à Paris.— Cafetières dites circu-
lantes.

143 —   87 SOCIÉTÉ DU GAZ DE MARSEILLE.—
Échantillons de fonte.

144 —   127 SULPIS , à Paris. — Ouvrages en zinc.

145 — 1084 SUSSE frères , à Paris. — Bronzes d'art.
(représenté par OUDIN , rue de la Darse , 14.)

146 — 70 TRICON (JOSEPH), à Marseille. — Lustres, lampes , candelabres , etc.

147 — 150 TOUSSAINT (F.), à Marseille. — Couteaux de table et de poche, rasoirs, etc.

148 — 59 TRANCHAND (LOUIS) , à Marseille. — Appareil pour la distillation et la rectification des alcools.

149 — 41 TRANSON (LÉON), à Bordeaux. — Appareils pour la destruction des insectes.

150 — 29 VEROEST (FRANÇOIS) , à Marseille. — Appareil de chauffage en fonte et cuivre.

151 — 71 VIDAL (MENTOR) à Mèze. — Outils de taillanderie.

3ᵐᵉ SECTION

Comprenant Verreries, Cristaux, Vitraux d'Église, Faïences, Porcelaines brutes ou décorées, Poteries communes, Argiles, Terres réfractaires.

152 — 192 ARNAUD (ÉTIENNE), à Séon St-Henry. — Céramique.

153 — 185 ARDUINO (JACQUES-JEAN), à Marseille. — Un vase de nuit inodore.

154 — 106 AUBERT, fabricant, à Pont-de-l'Étoile (Bouches-du-Rhône). — Enseignes, porcelaines, tables, en faïence.

155 — 160 AUZIÈRE (Casimir), à la Belle-de-Mai (Marseille).— Objets en émail et en verre , sujets de dévotion.

156.

157 — 693 BERGER cadet, à Bollène (Vaucluse).— Argiles et briques réfractaires.

158 — 156 BLIN frères , fabricants , à Aubagne. — Ornements d'architecture en terre cuite.

159 — 177 BONNAUD (Hippolyte), fabricant, à Marseille.— Pipes en terre cuite, fabrication marseillaise.

160 — 159 BONNET (E.-Henri) , à Apt (Vaucluse). Faïences de diverses couleurs.

161 — 166 BRUNET , fabricant , à Montpellier. — Vitraux peints, pour Eglise.

162 — 174 BRUNET (Casimir), à Marseille. — Un Filtre borne-fontaine , filtres pour ménages.

163 — 170 CAMOIN (jeune), à Marseille. — Un plafond dorure sur verre, décorations pour bâtiments , vitraux coloriés.

164 — 154 CANONICAT (Lucien), rue des Petits-Pères, 71, à Marseille.— Filtrage en grand , propre à l'alimentation des Villes.

165 — 169 CANTINI (Jules), à Marseille.— Cheminées et colonnes en marbres , fragment d'un autel destiné à la Chapelle N.-Dame-de-la-Garde.

166 — 186 CAYOL (Joseph), à Aubagne.— Urnes en terre brute peinte, imitations étrusques et chinoises.

167 { 172 173 COLLARINO (Antoine), à Marseille. — Lieux-d'aisance, plaque, escalier et balcon en ardoise.

168 — 175 D'ANDRÉ de St-VICTOR, à St-Victor des Oules (Gard), Terres et briques réfractaires.

169 — 176 DELMAS (Jacques), à Cette (Hérault).— Bouchons de liège.

170 — 211 DEBERGUE (François), à Marseille.— Fourneaux et creusets pour la chimie.

171 — 212 DERVILLÉ et Cie, à Paris.— Cheminées et marbres divers.

172 — 190 DESCHAMPS et Cie, à Lyon.— Ardoises des carrières de la *Chambre* (Savoie).

173 — 203 DUMAS (veuve), à Paris.— Céramique, Faïence pour poêles et carreaux.

174 — 168 DUPRAT et Cie, à Marseille.— Bouchons et planches de liége.

175 — 178 DURÉAULT MOTTE et Cia, à Arboras (Rhône).— Porcelaine opaque et porcelaine à feu.

176 — 215 DRUJON (Adolphe), à Tarascon. — Un bloc marbre.

177 — 197 DUTERTRE frères, à Paris.— Porcelaines dorées, série d'articles pour étagères.

178 — 193 ESTÈVE et ICARD, à Sigonce.— Poudre Hydraulique.

179 — 196 ETIEVANT (Désiré), à Marseille.— Filtre à jet continu, Filtres pour ménages.

180 — 188 FLOTARD (Paul), à Marseille.—Vases, porcelaine de Chine.

181 — 205 GALINIER aîné, à Montpellier. — Une table mosaïque, en marbre et albâtre oriental.

182 — 695 GALINIER et fils, négociants, à Marseille.— Trois Cheminées en marbre.

183 — 161 GARRIGOU (Adolphe), à Tarascon.— Tuyaux Garrigou.

184 — 691 GESTA (Victor), à Toulouse.— Vitraux d'art, peints, émaillés et gravés.

185 — 213 GIOVONNI(Fachina), à Béziers (Hérault) — Mosaïques en marbre.

186 — 189 GOSSE (François-Antoine), à Bayeux (Calvados). — Ustensiles de ménages, vases pour la chimie et étiquettes en porcelaine.

187 — 179 GRAVOT (Edme-Pierre), à Marseille. — Vitrerie, verrerie, genre ancien, pour l'horticulture.

188 — 182a GUIGUES (J.-B.-M.), à Marseille. — Un Filtre multiple, Filtres de ménages.

189 — 1141 HUBERT (Alfred), à Liége (Belgique) — Tonneaux en verre.

190 — 204 IZOUARD (ANTOINE), à Marseille.— Un assortiment de pipes.

191 — 165 LAFORCE, fabricant, à Bollène (Vaucluse). — Briques réfractaires, pour haut - fourneaux, argiles réfractaires, Tuyaux en terre cuite pour conduite d'eau et de gaz. — (représenté par M. Jules IMBERT), à Marseille.

192 — 167 De LAVAL (E.), à Marseille.— Briques et terres réfractaires, minerais de fer et schiste bitumineux.

193 — 151 MARJOLET (NICOLAS), à Marseille.— Échantillons de peinture sur porcelaine.

194 — 202 MARTIN jeune, à la Nerthe, près Marseille.—Chaux hydraulique et ciments de la Nerthe.

195 — 212 MARTIN, frères, à Marseille. — Objets divers en terre cuite et autres servant à la fabrication.

196 — 184 MASSIER aîné, fabricant à Vallauris (Alpes-Maritimes). — Petits vases en terre, poteries de toutes formes et en tous genres, (représenté à Marseille par VENTO, Cours Belsunce, 5, *Médaille d'Argent* à l'exposition de Nice).

197 — 194 MASSE (ETIENNE), à Roquevaire (Bouches-du-Rhône). — Gravure en or sur verre.

198 — 1161 MASSOT (LAZARE-FRANÇOIS), à Marseille. — Verrerie fine, blanche et de couleur.

199 — 207 MAURIC frères , à Auriol (Bouches-du-Rhône), deux cornues à gaz, en terre-réfractaire.

200 — 182 MAUVERNAY, à S'-Galmier. — Vitraux peints.

201 — 214 MAZIÈRE (Léon), à Marseille. — Peinture vitrifiable sur porcelaine.

202 — 188 MUSSURI de ROZAN, à Marseille. — Cristaux décorés.

203 — 158 MUSSURI de ROZAN, à Marseille. — Porcelaines décorées.

204 — 181 NIEL (Louis), à Varrages (Var). — Céramique, faïence fine.

205 — 105 OLLIVIER E. , pharmacien, à Arles. — Terre réfractaire.

206 — 201 PUGENS et Cie , à Lyon. — Un Urinoir en ciment, cadres de carrelage.

207 — 155 DUQUEYLAR (veuve) à Marseille. — Verrerie commune , deux fours à 14 creusets.

208 — 180 RAFIN frères , à Cornillon (Gard). — Argile blanche.

209 — 183 RICHARD ASTIER , à Bagnols (Gard). — Argiles rose, grise, violette et brune réfractaires.

210 — 692 ROCHE (Emile), à Palama, près Marseille. — Echantillons marbres et pierre froide.

211 — 696 ROUGEMONT (A.) et Cie, à Malpassé près Marseille. — Tuyaux en terre réfractaire, tuyaux pour la chimie,

212 — 199 ROZAN (Sébastien) neveu et fils aîné , à Marseille. — Verrerie très variée commune et fine.

213 — 152 ROZAN père et fils, à Marseille. — Verreries unies et taillées.

214 — 198 SAUZE (Laurent), à Marseille. — Poëles et carreaux en faïence , tuiles en terre cuite.

215 — 1198 SICARD (Emmanuel) , à Mazargues. — Poterie en grès pour préparations chimiques.

216 — 209 TEYSSEIRE (Jules) , à Marseille — Pipes à tubes épurateurs , Narghilés français.

217 — 157 VAUTRAIN (Etienne) , à Marseille.— Pipes en terre rouge, imitation des pipes du Levant.

218 — 165 VIDAL (Victor), à Marseille. — Potichomanie.

219 — 153 VIGIÉ St-AMAN, à Marseille. — Hydrouette , filtre à eau en poterie.

220 — 162 VILLARET (E.), à Clermont-l'Hérault (Hérault) —. Pipes du progrès, Balsamique.

221 — 694 VIREBENT père et fils , à Toulouse. — Céramique, statues et vases (représenté par M. Jules Imbert). — Marseille.

222 — 291 WIART (Auguste), à Marseille.—Verres unis à reliefs, dalles en verre pour parquets, etc.

4me SECTION

Comprenant Matériaux , Pierres , Ciments , Mortiers , Briques, Bois, Marbres, Menuiserie et Vitrerie, Plans et Appareils.

223 — 221 AUGER (Victor), à Marseille. — Couronnement pour voitures.

224 — 226 AVRIAL (Oscar Fils), à Trèbes.— Pot à graisse et Cafetières vernies.

225 — 208 BARBIER (Antoine), à Marseille. — Autel en menuiserie.

226 — 222 BERLAN (Joseph), à Marseille. — Un tableau d'Epures de machines.

227 — 254 BIELLE (Pierre), à Marseille. — Enduit remplaçant le stuc, mortier, id.

228 — 255 BIELLE, (Pierre), à Marseille. — Briques fabriquées à froid.

229 — 269 BIRON (Antoine), à Grenoble.—Pierres blanches.

230 — 256 BLAIN (Joseph-Maire), à St-Remy. — Pierres de construction, minerais de fer, marbre.

231 —   241 BRAATZ (Philippe), à Marseille. —
                Modèle d'usine pour fabrique.

232 —   253 BRETON (Joseph), à Lyon. — Man-
                sardes en zinc.

233 —   1095 CAILHOL (Stanislas), Plâtrier, à Mar-
                seille. — Imitation de bas-reliefs anti-
                ques en ciment de la Valentine.

234 —   231 CAMOIN jeune, à Marseille. — Panneaux
                en bois, peinture à l'huile.

235 —   229 CARVIN Fils, à Marseille. — Ciment
                romain, Baignoire, etc.

236 —   1165 CHABUEN, Directeur de la compagnie
                des asphaltes, à Paris. — Echantillons
                et asphaltes naturel comprimé pour
                rues, etc.

237 —   259 CHEVENIER, de la compagnie des As-
                phaltes, à Marseille. — Mosaïques va-
                riées pour appartements.

238 —   697 COULARD (Jean-Henri), à Aigues-
                Vives. — Tuiles crochées.

239 —   230 COUISSINIER (Antoine), à Séon St-
                Henry, (Marseille). — Tomettes pour
                carrelage.

240 —   271 CRISTOFOLI et MORA, à Nîmes,
                Échantillon de pavé mosaïque.

241 —   248 CRUVÈS (Édouard), à Draguignan. —
                Une persienne présentant le tiers de
                sa hauteur.

242 —   217 DAVID (Laurent), à Uzès. — Briques
                pour Fourneaux, etc.

243 — 257 DAVID (Jean-Baptiste), à Marseille.— Echelles Mécaniques, etc.

244 — 1162 DELORD (Pierre), à Marseille. — Persienne nouveau modèle.

245 — 264 DESFEUX (Pierre), à Paris. — Carton Cuir.

246 — 267 D'ESPÉREL, (Marguerite), à la Madeleine. — Plâtre blanc de Mont-Ferrat.

247 — 258 DOMERGUE, propriétaire, à Beaucaire. — Pierres de Taille.

248 — 219 DESPLACE (Gustave), à Marseille. — Modèle en relief des Ports et Docks de Marseille.

249 — 270 DRUJON, (Adolphe), à Tarascon.— Blocs de Pierre.

250 — 260 FOURNIER (Antoine), à Marseille. — Système de Ferrures pour portes et fenêtres.

251 — 261 GADRIOT, menuisier, à la Ciotat. — Traité de la menuiserie.

252 — GAILLARD Jeune, à Laferté.— Une Meule à Moulins et rossat.

253 — 240 GALLE (Adolphe), à Marseille.— Projet de Musée pour Marseille.

254 — 257 GEMY, fils aîné, à Marseille.— Croisée, Cheminée, Porte, etc.

255 — 261 GÉRIN DE RICARD, (Emmanuel), à Château de Valdôme.— Ciment nouvellement fabriqué.

256 — 239 GENTILHOMME (J. E.) à Marseille.—
Tuiles à Hydrofuges.

257 — 228 GUIRAUD (Antoine), à Trèbes. - Carrelages.

258 — 224 GUIRAUD fils aîné à Trèbes.—Carrelages
fins en terre cuite.

259 — 1113 ILLY et VERNE à Marseille. — Bas Reliefs en bois et en pierre.

260 — 266 JALOUVEAU et Cie, à Paris.—Tuyaux
en papier bitume.

261 — 242 JOURDAN (Benoit) , à Miramas. —
Briques , Ponces pour cloisons.

262 — 216 KLEINHOLT (Antoine), à Marseille. —
Plan en Relief, bois et carton.

263 — 1108 LAUGIER (Salomon), à Marseille.—Une
Croix en pierre tendre de Cassis.

264 — 247 LARMANDE (Antoine) , à Viviens. —
pavés Granitiques Calcaires.

265 — 220 LEIGNADIER (Claude), à Nîmes. —
Nouveau Système de fermeture.

266 — 263 LE LIÈVRE, à Marseille.—Croisée avec
volets intérieurs.

267 — 1157 MATHIEU-LAURENT, sculpteur, à Marseille. — Piédestal en marbre blanc.

268 — 225 MICHEL et Ce (Désiré) , à Marseille.—
Pavillon construit en ciment, statues,
etc.

269 — 1109 MARTIN (Alexis), menuisier à St-Louis,
banlieue de Marseille. — Catalogue,
un Dôme.

270 — 227 MARTEL (Jacques), à Marseille. — Jalousies pour fenêtres.

271 — 268 MESNET (E.), à St-Mars-la-Pile. — Meules à moulins pour blés.

272 — 225 NÉGREL (M.) , à Roquevaire. — Ciment de Tournan.

273 — 244 NIEL (Louis), à St-Maximin. — Pierres tendres à bâtir.

274 — 262 POCHEVILLE et CORDET , à Nîmes. — Stuc, Marbre , Pierres polies.

275 — 262 GARENTE (Étienne), à Marseille. — Lieux d'aisance à l'anglaise, en ardoise.

276 — 1197 GERRIN (François), à Marseille. — Enduit hydrofuge , Bétumium.

277 — 255 PORTE (Grollier), à Sorgues. — Ciment paveur, Mastic inaltérable.

278 — 249 RIBOTTY (Antoine-Dusléau-Auguste), à Marseille. — Sergent à machoire pour menuiserie.

279 — 450 La Société des Compagnons du *Devoir*, à Marseille, ROUX, dit CHAMPAGNE, principal coopérateur. — 1 Pavillon à six côtés, composé d'architecture , modèle d'étude.

280 — 218 ROUX, Frères . à Marseille (Séon-St-Henri. — Toitures, Tuiles , Plâtres et Briques.

281 — 255 SAUSIN (François) et GENSOUL , à St-Victor la Coste. — Echantillons de Chaux hydraulique.

282 — 234 SAURIN (François) et GENSOUL , à St-Victor la Coste. — Échantillons Pierres froides.

283 — 232 SAVOURNIN (François), à Marseille.— Gorge de loup.

284 — 246 SIGNORELLO (Justin), à Marseille. — Fosses-mobiles en zinc.

285 — 251 TAILLEBOIS , à Marseille.—un Escalier et divers carrelages en ciment anglais.

286 — 245 TARTAS (François), à Marseille. — Ciment de la Valentine.

287 — 1176 TAMBON (J.), à Marseille. — Cheminées , Marbres.

288 — 256 TEISSIER (Émile), à Marseille. — Pierres calcaires et Grès blanc de Tourris.

289 — 249 TROQUIER, négociant, à Paris.— Fosse mobile à séparateur.

5me SECTION

Comprenant les constructions navales, signaux, voiles, cordages, appareils de sauvetage, pêche, filets, art militaire, armes.

290 — 276 AUTIBOUL (J.), à Marseille. — Petits navires.

291 — 281 AZIBERT fils, à Gruissan. — Un grelin, une aussière.

292 — 300 BARTRO (ETIENNE), à Marseille. — Un petit paquebot poste à vapeur.

293 — 698 BARTRO (A.), à Marseille. — Paquebot à vapeur en bois.

294 — 299 BÈGUE (AUGUSTIN), à Marseille. — Bateau, hélice, rames et roues à palettes.

295 — 280 BELLIÉ aîné (JEAN), à Bordeaux. — Charpente de navire.

296 — 293 BICAY (JEAN-ANTOINE), à Marseille. — Navires divers et machine à mâter.

297 — 305 BOUNIN (FORTUNÉ), à Marseille. — Fusils et pistolets doubles.

298 — 234 BREMOND, SAGNES et Cie, à Marseille. — Une hélice et un porte-missel.

299 — 1107 BRENIER (JEAN-BAPTISTE), à Marseille. — Lignes de pêche.

300 —   296 BRUN (Auguste), à Paris. — Armes de
luxe.

301 —   275 CAILLOT (Léon), à Marseille. — *Solferino*, bateau à vapeur.

302 —   286 CAVAYÉ (François), à Montpellier. —
2 ceintures de natationen caoutchouc.

303 —   295 CHABERT (Thomas), à Marseille. —
Cordages divers.

304 —   282 CHAPOUEN fils (Xavier) à Avignon.—
Fusils divers doubles.

305 — 1082 CHAVASSIEUX, à Marseille. — Divers
cordages en chanvre et fil de fer.
Câbles plats en chanvre et fil de fer.

306 —   501 COMPAGNIE ANONYME DE NAVIGA-
TION MIXTE, à Marseille.—Appareils
sur chauffeur à syphon, etc.

307 —   291 COMPAGNIE ANONYME DES MESSA-
GERIES IMPÉRIALES, à Paris. —
Divers modèles de paquebots.

308 —   294 DONADIEU (François), à Marseille. —
Poches en sparterie pour moulins à
huile.

309 —   275 FAURE (Frédéric), à Marseille. —
Torche signal.

310 —   278 FABRE fils (Augustin) à Marseille. —
Système de liaison pour construction
navale.

311 —   304 LACOMBE (Jean-Baptiste), à Tonneins.
— Cordages, ficelles et guides.

312 — 283 LACOMBE (Bergeret), à Tonneins. — Cordages et ficelles.

313 — 274 LENADIER (Pierre), à Cette. — Enduit hydrofuge.

314 — 297 LYONNET frères, à Toulouse. — Pistolet, cartouche métallique.

315 — 298 MAGNE (Charles), à Marseille. — Un navire en argent.

316 — 292 MANLIUS (Salles), à Nîmes — Baignoire flottante, soit barque de sauvetage.

317 — 302 MONIER (Hyppolite), à Aubagne. — Piége à oiseaux.

318 — 1085 MOZAC (Pierre), à Marseille. — Vaisseaux divers.

319 — 277 NIOLLON (Gaspard), à Marseille. — Hameçons en fer et cuivre.

320 — 272 PÉCOUL (Adolphe), à Marseille. — Lochs-sondeurs en cuivre, plombs et cordes.

321 — 290 PEUPILLE (Adolphe), à Dardennes. — Feutre goudronné imperméable.

322 — 299 RESERVÉ (Pierre), à Marseille. — Trois cimeaux.

323 — 303 ROBERT (Jacques), à Marseille. — Douze palans de navires.

324 — 285 SALETTE (Jean), à Marseille. — Un guindeau bois, fer, fonte et cuivre.

325 — 287 SECRÉTAN (Marin), à Marseille. —
Pompe de sauvetage à jet continu.

326 — 288 SÉGUY (Fabre), à Marseille. — Diverses
pièces de filets pour la pêche.

327 — 1169 SILVANO (Joseph), à Marseille. — Un
brick armé en guerre, une goëlette de
plaisance.

328 — 289 THIÉBAUT (Victor), à Paris. — Un
tableau de robinets pour charpentes de
fer, et constructions navales.

329 — 1075 VIGNE (Aimé), à Beaucaire. — Fixe-
bourré bois, cuivre et acier.

330 — 308 ZAOUÉ, armurier, à Marseille. — Armes
diverses et objets d'arts.

6me SECTION

**Comprenant Matériel de Chemin de Fer, Machines à
vapeur, Machines hydrauliques et Ventillateur,
Outils, Machines diverses, Matériel, etc.**

331 — 1146 ARBAUD (Blaise), à Rove (Bouches-du-
Rhône). — Un Moulin à triturer les
matières sèches.

332 — 371 ARNIAUD (Auguste), à Marseille. —
Un Râcloir à roulettes pour râcler la
boue.

333 — 1147 AYCARD et COURTIEUX, à Marseille.
— Une Charrue.

334 — 337 BALAND, frères, taillandier, à Lyon. — Cisailles avec table, hâche-paille, etc., etc.

335 — 325 BAILLEUX (Jules), à Marseille. — Machine horizontale à vapeur de la force de 2 chevaux, une Presse à pharmacie, une Presse à fabriquer les briques, Locomobile avec son moulin à triturer les huiles, une Presse à huile jumelle, un Pressoir à vin, un Fouloir à raisin, une Presse à foin horizontale locomobile, une Presse à huile simple en fer et fonte, Vis en fer pour pierre à huile, 1 Manége avec son moulin à triturer les olives et autres graines.

336 — 346 BOUCHARD (André), à Lyon. — Deux Pompes à incendie, un assortiment de Robinets.

837 — 701 BOUCAIRAN (Louis), à Marseille. — Un Plan de machine à corder les frisons.

338 — 334 BOUDIER (Louis), à Marseille. — Une Pompe avec bûche pour choix de vin, une Pompe pour ménage, une Pompe pour réservoir à tonneaux.

339 — 373 BOUET (A.-P.), mécanicien, à Marseille. — Une Machine à tailler les bouchons de liège.

340 — 1170 BROQUIER et LAINÉ, à Paris. — Robinets divers pour machines à vapeur.

341 — 365 BEUGNOT, fondeur (représenté par de Banville et Signe fils aîné, boulevart

Longchamp, 133 et cours Bourbon),
à Lyon. — Trois Pompes locomobiles
pour arrosage, Brouettes.

342 — 1152 CARLE (Ernest), à Nîmes. — Trois filatures pour la soie, un Pétrin mécanique.

343 — 332 CAUSSEMILLE (J.-F.), PERRIER et
PAUL PANDARIÈS), à Marseille. —
Une Machine à fabriquer les allumettes
en bois.

344 — 315 CHARLES et Cie, à Paris. — Buanderie,
Baignoir, Laveur mécanique, Calandre
à débrayage, Presse, Burette en verre,
Burette en grès et divers petits instruments.

345 — 339 CHALMETON (Ferdinand), directeur de
la compagnie Houillière de Robiac, à
Bessèges(Gard). — Cinq Blocs de houille, un Wagon de mine, deux Essieux
montés avec roues munies de leurs
boîtes à graisser.

346 — 328 CHIOUSSE (A.-E.), à Marseille. — Une
Chaudière à vapeur à épuration de fumée et à cheminées horizontales.

347 — 347 COULET, menuisier, à Montpellier. —
deux Coupe-papiers.

348 — 1144 COQ (Célestin), à Aix. — Un Pressoir à
vin locomobile.

349 — 336 CRÉGUT (Guillaume), à Marseille. —
Un Moulin à farine portatif, Plan d'un
moulin voyageur.

350 — 449 D'HÀRTMANI et CHRISTOPHE, à Marseille.— Un Appareil garde-robe.

351 — 310 DURAND (J.-B.), à Marseille. — Une Pompe à comprimer l'air.

552 — 313 DUREY (J.-F.), à Arles. —Une Machine à alaizer les cônes et les boîtes de roues.

353 — 321 DUVAL (Auguste), à la Villette (Paris). — Une Machine à percer les métaux.

354 — 341 DUVIGNAU (Émile), à Paris, rue de la Bourse, 6. — Un Appareil pour faire écrire les Aveugles.

355 — 369 EYBERT (Auguste), à Nîmes.— Machine Eybert pour la fabrication des dragées.

356 — 319 FAGES (Laurent), à Montpellier. — Deux Boîtes à graisser les essieux de wagons et locomotives.

357 — 360 FANJAUD (Ferdinand), à Marseille. — Une Presse arc à vis et à percussion en fer et fonte.

358 — 351 De FÉLIX J., au château de la Bérine, quartier de St-Menet, à Marseille.— Peignes Félix, Signaux à détonation, Télégraphe électrique.

359 — 340 GARNERI (Joseph), à Marseille.— Une Scie à rabot pour pierre froide.

360 — 308 GERBALDI (Benoit), à Marseille.— Une Machine à vapeur rotative par trois pistons leviers mobiles.

361 — 362 GROUSSET F., pour la Société des Moulins à lit-striés , à Marseille.— Un Moulin à lit-strié.

362 — 361 GUÉRIN (Jacques) , à Thomerac (Ardèche).— Une Filature.

363 — 317 GUIGOU (Casimir), à Marseille.— Machine à casser les amandes.

364 — 366 ISNARD (Jules fils), à Toulon.— Machine à couper le sucre.

365 — 307 JULLIEN Edouard), à Marseille.— Machine Jullien servant à engraisser, à écharner et à façonner les peaux.

366 — 343 JOUANE Jérome), à Perpignan. — Un Pétrin mécanique.

367 — 1159 LAFLEUR L., à Marseille. — Deux Machines à forer.

368 — 702 LAUGIER (J.-B.) , à Marseille — Une Machine à vapeur et chaudière en cuivre.

369 — 356 LAVIE (R.-P.), à Paris.— Un Moulin à blé et maïs.

370 — 309 LEBRETON (N.-M.), commis, à Cette. — Modèle d'un appareil pour la ventilation du sable.

371 — 1160 LECOQ (Émile), à Paris.— Machines, Laminoirs, Compteurs, Presses , etc.

372 — 364 LEJEUNE (François), à Marseille.—Une Chaudière verticale à double cylindre tubulaire.

373 — 560 LEVASSEUR (Adolphe), Une Presse en fer.

374 — 559 LONG (Henri), à Marseille.— 1 Pressoir pour l'extraction de l'huile et autres produits; une Presse à vermicelle et à petite pâtes d'Italie, en fonte et en fer, deux Pressoirs à huile.

375 — 554 MAIN et Fils, à Cerdou (Ain).— Une filature de soie et autres articles en cuivre repolissé.

376 — 353 MARDIENNE (François), à Lyon. — Quatre Peignes à tisser, système régulateur.

377 — 548. MARIGNAN et Cie, à Nîmes.—Un Pétrin mécanique.

378 — 1079 MARREL frères, à Marseille.— Un arbre coudé de force de 600 chevaux ; deux plaques blindage.

379 — 522 MARTIN (François), à Marseille.— Un Laminoir horizontal pour écraser les métaux.

380 — 329 MICHEL (Mathieu), à Nîmes.— Quatre tours, filature de soie pour tirage de cocons ; un Appareil locomobile pour l'étouffage des cocons.

381 — 563 PAROD et Fils, Paris, rue Popincourt, 16.—Quatre Machines à hacher, deux Machines à pousser les saucisses et saucissons. Taille légumes, divers outils.

582 — 370 PATROUILLEAU (représenté par de BANVILLE ET SIGNE fils aîné, boulevart Longchamp, 1 et 3, à Bordeaux.—Une Machine à fabriquer les biscuits de mer.

583 — 331 PAU (MARIUS) à Marseille.— Un Métier double à tisser les cordons plats et façonnés.

584 — 515 PAGAN (A.) à Marseille.—Une batterie mécanique de dix-huit bouches à feu.

585 — 350 PERREAUX, ingénieur à Paris, représenté par (de BANVILLE ET SIGNE fils aîné, boulevart Longchamp 1 et 3, à Marseille).--Deux Pompes à purin pour l'agriculture, une Pompe d'arrosage à simple effet, une id. à double effet et à réservoir d'air.

586 — 353 PERRIER (FÉLIX), à Marseille.—Une Machine à fabriquer les allumettes en cire.

586 bis 1249 PEYRONNET, à Bagatelle, fouloir dégrappeur, ne laissant tomber dans la cuve que les grains convenablement écrasés.

587 — 538 PEYRUC, COUSINS ET Cie, à Toulon. — Un Appareil à distiller l'eau de mer.

588 — 372 POUGAULT, ingénieur, à La Machine près Deuze (Nièvre). —Un Purgeoir pour machines à vapeur.

589 — 1204 PICARD (ACHARD), à Marseille. — Un petrin mécanique.

590 — 324 PRAT (HIPPOLYTE), à Pernes (Vaucluse), Deux Semoirs.

591 — 511 PRUNET frères, à Marseille.— Machine à cintrer, Cisaille à balancier, Toilerie de ménage.

392 — 1090 RATEL (A.) , à Paris. — Un Marteau à affuter les faulx.

393 — 700 RAYNAL (T.), à Narbonne (Aude).— Une Pompe à feu à jet continu.

394 — 349 RIEUX (dit Cartoux), à Avignon.— Une Pompe à cylindre.

395 — 345 ROBERT et Cie, à Lyon (représenté par de Banville et Signe fils aîné, à Marseille). — Types de godets graisseur. Types de pompes, Robinets.

396 — 523 ROBERT (Pierre), à Marseille.— Appareil pour cirer les appartements.

397 — 1174 ROBERT (Newman) , à Marseille. — Brosses pour nettoyer les tubes des chaudières .

398 — 555 ROECK et Cie (de Banville et Signe fils aîné représentants), à Lyon.— Appareils pour filature et moulinage de soie.

399 — 1091 ROUVIER (Joseph), à Marseille.—Tabac français.

400 — 358 St-JOANNIS et DEVÈZE, à Marseille. — Une Chaudière Thermosiphon avec ses fourneaux , une Chaudière Termostat-Siphon , un Appareil à distiller.

401 — 318 SCELLOS (Eugène), à Paris.—Un Appareil à fabriquer les eaux factices.

402 — 312 SCHEL (A.), à Lodève (Hérault). — Plaques et rubans, Garnitures de cardes.

403 — 699 TARBOURIECH (Hyppolyte) , à Pezénas. — Un Pressoir mixte.

404 — 342 THEVENET (Pierre), à Lyon.— Deux Machines à percer les métaux.

405 — 320 THIÉBAULT (Pierre), à Marseille. — Pompes et Robinets.

406 — 316 TROUILLET (Auguste), à Paris. — Numéroteurs mécaniques (breveté). (représenté par Burty, rue Barthélemy, 41.

407 — 344 VIARNAUD (A.), à Marseille. — Bains portatifs (Viarnaud).

408 — 337 VIN (J.-B.), à Marseille (Capelette). — Un Train de laminage, un Dessin.

7me SECTION

Comprenant : Instrumens de Pesage et de Mesurage, Horlogerie, Instrumens de Physique, d'Optique et de Photographie, appareils Électriques.

409 — 420 ACHARD (Auguste), à Chatte.— Appareils électriques pour chemins de fer.

410 — 407 AUPHAN (Fortuné), à Marseille. — Bandages, Ceintures et Corsets divers.

411 — 399 BARBAROUX (J. B.) à Aix.— Bascules et Balances diverses.

412 — 408 BORDÉ, à Paris.— Longues Vues astronomiques, et Jumelles longues vues.

413 — 580 BRETON Frères, à Paris.— Appareils Médicaux.

414 — 576 CATINOT BÉRANGER et Cᵉ, à Marseille. — Ponts à bascules.

415 — 411 CHALLIOT (Charles), à Paris.— Instruments de Musique, etc., etc.

416 — 596 CLARENCY (Frédéric), à Marseille.— Chronomètres, Pendules, appareils d'outils, etc., etc.

417 — 579 CAUSSEMILLE et Cᵉ, à Marseille. — Bascules pour cheminées et pour le commerce, etc.

418 — 598 CODDE (Marius), à Marseille.— Appareils d'Horlogerie.

419 — 585 COMPAZIEU (Urbain), à Marseille.— Pendules, Veilleuses et modèles de trousses pour Horlogers.

420 — 591 CORNÉLIS (Charles), à Aix.— Horlogeries diverses.

421 — 422 DANIEL (Antoine), à Marseille.— Sillomètres et lampes à disque.

422 — 387 DAUMAS (Jules), à Marseille.— Romaines, Bascules, etc.

423 — 390 DEUDIEU aîné, à Lyon.— Manomètre métallique, (représenté par Banville, Signe), Marseille.

424 — 401 DEVAUX (Jacques), à Marseille.— Instruments géométriques.

425 — 394 FALCOT et Ce, à Lyon.— Bascules diverses.

426 — 1191 FARNET à Marseille.— Appareil d'induction, isolant spécial.

427 — 413 FONTANA - SPINELLI, à Marseille.— Baromètres et longues vues.

428 — 389 FOURNIER, (P. S F.), à Montpellier.— Atmomètres divers.

429 — 403 FRANÇOIS (Marius), à Marseille. — Appareils d'horlogerie.

430 — 379 GAIFFE (A.), à Paris.— Appareils électro-médicaux.

431 — 409 GILLET, à Aubagne.— Appareils pour les amputés, etc.

432 — 586 GLIZE (Louis), à Aubagne.— Outils et Fournitures pour horlogers.

433 — 593 JEAMBON, à Montpelier.— Décalitres pour vins assortis.

434 — 406 JAUBERT (Philippe), à Marseille. — Appareils orthopédiques.

435 — 426 KAUFUS (Charles), à Marseille.— Montres mensuelles diverses.

436 — 1084 LALANNE (I.), à Marseille.— Montre en cuivre, nouveau modèle.

437 — 703 LETHUILLIER (Pinel), à Rouen.— Indicateurs Magnétiques.

438 — 424 LIONET (Henri), à Marseille. — Planétaire-mécanique.

439 — 367 MIROY, Frères, à Paris.— Pendules, Candelabres et lustres.

440 — 410 MOLINARI (CHARLES), à Marseille.— Appareils de sûreté électrique.

441 — 381 MOUILLERON, à Paris.— (représenté par De Banville et Signe.) Marseille.

442 — 374 MOUSQUET (JACQUES-LOUIS), à Cavaillon.— Thermomètres à suspension.

443 — 375 MURE, Frères, à Lyon.— Appareils de mesures pour les grains.

444 — 402 ORCEL-BÉRANGER et Ce, à Lyon.— Balances et Pont à Bascules.

445 — 414 OUVIÈRE (FRANÇOIS), à Marseille. — Cosmographe, cet instrument exigeant un horizon bien découvert, est placé à la place St-Michel, 2 petits modèles de charriot à cylindres.

446 — 423 PARIS (MICHEL), à Marseille.— Bandages herniaires à bec corbin.

447 — 385 PATRY (EUGÈNE), à Paris.— Instruments d'optique.

448 — 382 PAU (MARIUS), à Marseille.— Horloges diverses.

449 — 415 PAUL (MARIUS), à Arles.— Instruments de pesage.

450 — 425 PELLEGRIN (FORTUNÉ), à Marseille.— Pendules et Candelabres.

451 — 397 PEYROTHE (BENOIT), à Marseille.— Pendules électriques, etc. , etc.

452 — 412 PIERRON, à Marseille. — Balances et Bascules, etc.

453 — 704 PRAN (PROSPER), Narbonne.— Fil électrique.

454 — 405 REUTHER (A.) à Marseille.— Bandages, ceintures, et appareils divers.

455 — 400 ROGER ET MORAILLON, à Marseille.— Horlogerie électrique.

456 — 378 SANTI (AUGUSTIN), à Marseille,— Instruments de marine, etc.

457 — 595 SICARD (LOUIS), à Marseille. — Appareil pour mesurer les céréales.

458 — 384 SIRY LIZARS ET Cie à Marseille.— Instruments de précision.

359 — 449 THIEBAUD ET BARDET, à Lyon.— Instruments divers pour filatures.

460 — 418 WICKHAM FRÈRES, à Paris.— Bandages herniaires.

8me SECTION

Comprenant: Instruments à vent, Instruments à corde, Fabrications accessoires.

461 — 443 ALEXANDRE Père et Fls, à Paris. — Orgues divers (représenté par ROUSSEL cadet, Marseille).

462 — 437 AUCHER frères, à Paris.— Deux Pianos droits.

463 — 1078 BAUDASSI CAZOTTES, à Montpellier. Cordes Harmoniques, etc.

464 — 439 BAUCOURT (JEAN), à Lyon — Harmonium.

465 — 441 BIDELLER (CHARLES), à Lyon. — Deux Pianos.

466 — 446 BIDELLER (CHARLES), à Lyon. — Deux Pianos.

467 — 440 BONNET (CASIMIR), à Marseille. — Instruments de musique, cordier préservateur.

469 — 427 DANIEL (EDMOND), à Marseille. — Instruments en cuivre en usage dans l'armée et les Théâtres.

470 — 705 DEBAIN (ANTOINE), à Paris. — Pianos divers.

471 — 442 HERZ (HENRI), à Paris. — Pianos divers.

472 — 430 MARTIN (PAUL) fils aîné, à Toulouse. — Pianos divers.

473 — 428 MAURY et DUMAS, à Nîmes. — Pianos droit 1/2 obliques.

474 — 438 MAURY et DUMAS à Nîmes. — Pianos.

475 — 447 MAYER (MARIX), à Paris. — *Harmoni-Flûte* instrument de musique.

476 — 706 PARIS et fils, à Nîmes. — Un Piano droit.

477 — 451 PLEYEL WOLFF fils, à Paris. — Pianos divers.

478 — 429 SCHULZ (Fréderic), à Marseille. —
Pianos cordes verticales et obliques.

479 — 444 SIMONIN (Charles), à Toulouse. —
Une Basse, un Alto, deux Violons.

9ᵐᵉ SECTION

Comprenant : Imprimerie , Lithographie , Photographie , Gravure , Librairie , Reliure , etc.

480 — 459 ARLES (Jean-Noel), à Montpellier. —
Impresssions lithographiques.

481 — 463 ARLES (Jean-Noel), à Montpellier. —
Un cadre pour impressions lithographiques.

482 — 491 ARNAUD et Cᵉ, à Marseille. — Impressions en langues orientales.

483 — 492 ARNAUD et Cᵉ, à Marseille. — Imprimerie, ouvrages divers.

484 — 478 BÉNÉZECH et Cᵉ, à Montpellier. — Registres divers.

485 — 482 BLANC et MARTAIN, à Marseille. —
Tableau typo-lithographié.

486 — 477 BONNET fils, imprimeur, à Avignon,
— Ouvrages typographiques

487 — 460 CHABAL (Antoine), à Avignon. — Caractères typographiques pour affiches.

488 — 468 CAMOIN-D'ARMAND , à Marseille. — Encres couleurs et qualités diverses.

489 — 465 CAMOIN jeune , à Marseille. — Lettres en zinc pour enseigne.

490 — 494 CHAZAL (ÉTIENNE), à Marseille. — Registres divers.

491 — 473 COMITÉ DE SAINT-MAXIMIN, à Saint-Maximin. — Lithographie.

492 — 454 CHOSSON fils de FRANÇOIS, à Marseille. — Papier cloches, papier cigarettes.

493 — 504 CANQUOIN (FRANÇOIS), à Marseille. — Lithographie artistique et commerciale.

494 — 471 DELMAS (LÉON), à Avignon. — Épreuves lithographiques.

495 — 496 DEPLAGE (JULLIEN) et Cᵉ, à Paris. — Pierres lithographiques.

496 — 467 DULAT (FORTUNÉ), à Lyon. — Registres à dos en caoutchouc.

497 — 487 ESCALLE, TAVERNEL et Cᵉ, à Marseille. — Pierres lithographiques.

498 — 1075 FERRARY (J.), à Marseille. — Portraits photographiques.

499 — 493 DEFRANCONY (FORTUNÉ), à Avignon. — Calligraphie.

500 — 479 GAY (D.), à Aix. — Dessin modèle de toilette, dite à l'Impératrice.

501 — 453 GIRARDOT aîné, à Montpellier. —Deux tableaux.

502 — 497 GIRAUD (Louis), à Marseille. — Bois , zinc et cristal pour enseigne.

503 — 464 GIRY (Alfred), à Marseille. — Cartonnages,

504 — 503 GRAS (Alfred), à Montpellier. — Impressions en couleur et en noir.

505 — 455 GUEIDON fils (Alexandre), à Marseille. — Plutarque provençal, Vies des hommes illustres de la Provence.

506 — 183 HACHETTE (L.) et Cᵉ, à Paris. — Ouvrages de librairie.

507 — 503 JONGH et BARGIGNAC, à Marseille. — Portraits et Cartes.

508 — 469 JORET (Charles-Auguste), à Marseille. — Lettres en relief pour enseignes.

509 — 462 LAURET (Paul), à Marseille. — Portraits et épreuves photographiques.

510 — 457 LÉONARD (Auguste), à Lunel. — Tableau en calligraphie.

511 — 488 LEVASSEUR (Adolphe), à Marseille. — Livres reliés en divers genres.

512 — 476 LEVENQ (A. de Conver), à Marseille. — Cartes à jouer, de nations diverses.

513 — 486 MATHIEU (Joseph), fils aîné, à Barjols. — Papiers pour registres, lettres, etc.

514 — 452 MAURAT (Léonce) , à Marseille. — Épreuves de gravures sur pierre.

515 — 466 MICHALET et Cᵉ, à Marseille. — Épreuves de lithographie.

516 — 470 NISSOU (G.), à Paris. — Impression et étiquettes de luxe.

517 — 489 OLIVIER (HENRI), à Marseille. — Lithographie.

518 — 461 PAPI (MARC-ANDRÉ), à Marseille. — Album de calligraphie.

519 — 498 PELLEGRIN (FORTUNÉ), à Marseille. Livret galvano.

520 — 500 PERRAUD (FORTUNÉ), à Marseille. — Portraits photographiques sans retouche.

521 — 506 PETIT (PIERRE), à Paris.— Photographie.

.522 — 475 PRAT (ANTOINE), à Marseille. — Un registre.

523 — 485 RAIBAUD (FERDINAND), à Marseille.— Lithographies, portraits, paysages, etc.

524 — 481 REMONDET AUBIN, à Aix. — Éditions diverses de typographie.

525 — 502 REY (GABRIEL), à Marseille. — Photographies.

526 — 484 RICARD frères, à Montpellier. — Imprimés administratifs et scientifiques.

527 — 495 RICHARD et Cᵉ, à Paris. — Cartes mécaniques, etc.

528 — 1074 RIEUMAILLE , à Marseille. — Photographies.

529 — 456 ROGER (Denis), à Nîmes. — Ouvrages
imprimés.

530 — 501 ROMAN (D.) , à Arles. — Épreuves
photographiques.

531 — 474 SABATIER (François) , à Marseille.
— Un cadre renfermant des emprein-
tes de cachets.

532 — 572 SEREN (Honoré), à Marseille. — Diverses épreuves lithographiques per-
fectionnées.

533 — 438 TANNEUR (Camille), à Marseille. —
Tableau de calligraphie.

534 — 507 VITAGLIANO et TERRIS , à Marseille.
—Produits photographiques, portraits.

10me SECTION

Comprenant : produits de pharmacie et de laboratoire,
produits chimiques dérivés du sel, corps gras,
savons, papiers, papiers peints, couleurs, vernis,
teintures et impressions, cuirs et peaux, parfumerie, essences, industries diverses.

535 — 518 AGARD (Félicien), directeur des Salins
du midi, à Aix. — Sels marins, chlorure de potassium, etc.

536 — 524 AGENOR (Santet), à Nîmes. — Ether
sulfurique et alcools.

537 — 536 AILLAUD (Auguste), à Marseille. —
Peaux, veaux cirés.

538 — 673 AILLAUD D'ESPARRON, à Beaucaire.
— Céréales diverses, échantillons.

539 — 570 ALBINOIS (Maurice), à Marseille. —
Insecticide et appareils.

540 — 636 ALDEBERT (Lucien), à Millau. — Peaux
de veaux cirées.

541 — 612 ALESMONIÈRES (Auguste), à Lyon. —
Goudron de houille, benzine, etc.

542 — 665 AMANS (André), à Saint-Chinian. —
Peaux de moutons.

543 — 547 AMPHOUX (Henri), à Marseille. —
Allumettes chimiques en cire, en bois,
amadou.

544 — 629 ANGLÈS (J.-J.), à Marseille. — Eau
Anglès, teinture pour les cheveux et la
barbe.

545 — 681 ARNAUD (Joseph), à Marseille. —
Liquide insecticide.

546 — 1133 ARTHAUD (Ferdinand), à Crest. —
Peaux blanches et cuirs fermes.

547 — 566 BARDOU (Pierre), à Perpignan. —
Papiers à cigarettes.

548 — 617 BARDOU (Joseph), à Perpignan. —
Papiers à cigarettes.

549 — 605 BARRE, directeur des Mines, à Vialas. Litharge rouge et jaune.

550 — 685 BARON (Pierre), à Marseille. — Os et huiles.

551 — 663 BARTHÉLEMY et AUGIER, à Bollène — Huiles de ricin.

552 — 543 BARRY, pharmacien, à Avignon. — Conservation des viandes de boucherie.

553 — 627 BAYVET, frères, à Paris. — Maroquins en couleurs, veaux à reluire.

554 — 668 BÉCHAMP (A.), professeur de chimie, à Montpellier. — Aniline, nitrate d'aniline, etc.

555 — 670 BELLIER (Constant), à Marseille. — Soufres.

556 — 662 BELUGOU, frères, à Montpellier. — Extrait de ratanhia, résine de quina, etc.

557 — 571 BERNEX (Hyppolite), à Marseille. — Papiers peints pour tentures.

558 — 588 BERTRAND, aîné, à Lyon. — Eau de Cologne, vinaigres et huiles.

559 — 669 BILLARD, à Nevers. — Courroies à mécaniques en cuir.

560 — 1154 BONNET (J.-B.), à Marseille. — Oxides de plomb.

561 — 609 BOMPAR (Jacques-Sébastien), à Grasse, Cosmétiques.

562 — 710 BON (Augustin) et Cie, à Toulouse. — Papier-paille et autres.

563 — 1167 BONNARD (F.), à Marseille. — **Un** tableau échantillon de faux-bois, et marbres.

564 — 578 BOUCHET HORACE et Cie à Marseille. — Papier fabriqué avec du sparte.

565 — 648 BONAFOUX (A)., à Marseille. — Produits chimiques.

566 — 601 BOUDE (Antoine), à Marseille. — Soufre sublimé.

567 — 615 BOUDET (Ferdinand), à Narbonne. — Vert de gris.

568 — 1097 BOURELLY GOUNELLE, à Salon. — Savons.

569 — 590 BOUSQUET (Albert), chimiste, à Cette. — Salin de potasse.

570 — 1096 BOYER frères aîné, à Auriol. — Acide acétique brut.

571 — 1105 BOZOULS (Pharmacien), à Marseille. Mattica pipéracées

572 — 851 BROQUIER (Charles), à Marseille. — Peaux maroquins.

573 — 625 BROUSSE (Edouard), à Perpignan. — Papiers cigarettes.

574 — 579 CABIAS (Léon) et fils, à Avignon. — Courroies inextensibles en cuir.

575 — 550 CAMOIN D'ARMAND, à Marseille. — Poudre pour nettoyer les métaux, cirages, papiers à cigarres et empois allumé.

576 — 548 CAMOIN jeune, à Marseille. — Tentures en papier.

577 — 544 CAUSSEMILLE, jeune , à Marseille. — Allumettes en cire et papiers cigarettes.

578 — 521 CAVALIER jeune , à Montpellier. — Parfumeries, essences, pommades.

579 — 569 CANQUOIN (JOSEPH) , à Marseille. — Parfumerie, essences, pommades.

580 — 584 CAZALIS (HENRY) et Cie, à Montpellier. — Alun , Acide , Cristaux.

581 — 561 CHEVALIER fils , à Avignon. — Noir Chevalier.

582 — 603 CHEYSSON (veuve) et fils , à Marseille. — Cuirs et Peaux.

583 — 644 COLIN (CLAUDE-JOSEPH), à Marseille. — Dissolution de sel.

584 — 647 COQUIN (veuve) , à Paris. — Couleurs, Encres , Crayons, Vernis, etc.

585 — 604 CORNE , à Marseille. — Poudre désinfectante pour fosse d'aisance.

586 — 606 COSTE (LÉON), à Marseille. — Peaux de chèvres corroyées.

587 — 528 COUDER (PHILIPPE) , à Marseille. — Teinture, échantillons de laine et soie.

588 — 1156 COURT de PAYEN , à Marseille. — Savons et Soufres.

589 — 546 DANIEL et Cie, à Marseille. — Cristaux
de soude, soude brute, sulfate, etc.

590 — 599 DAUMAS D'ALLÉON, à Marseille. —
Savons.

591 — 510 DAUMAS et GIRARD, à Marseille. —
Savons.

592 — 585 DAVID (PIERRE), à Uzès. — Sucs et
bois de réglisse.

593 — 568 DERRIVE (ANTOINE), à Cavaillon. —
Peaux de cheval, écorce de chêne, etc.

594 — 1196 DIANOUX et de FUNEL, à Avignon. —
Fourrures de chèvres et d'Angora.

595 — 1164 DONADÉE (MARIUS), à Marseille. —
Eau minérale, naturelle, gazeuse.

596 — 672 DONNEY, à Lyon. — Mastic pour joints
de vapeurs.

597 — 591 DUBOUT (ANTOINE), à Grasse. — Papiers
à filtrer.

598 — 509 DURAND (AUGUSTE), à Marseille. —
Pommade souveraine.

599 — 558 DURIF aîné, à Marseille. — Mastic et
cire à cacheter les bouteilles.

600 — 627 J. DURVARD, à Paris. — Toilette hy-
giénique.

601 — 549 ESCOFFIER fils, à Carpentras. — Cuirs
noirs et blancs.

602 — 634 ESTRAGNAT fils et FINET, à Lyon. —
Cuirs tannés et corroyés.

603 —   538 EYRIÉS, pharmacien, à Marseille. —
Produits pharmaceutiques.

604 —   1072 EYSSERIQ (Jean-Joseph), à Marseille. —
Savon brun.

605 —   525 FABRE-VOLPELIÈRE, pharmacien, à
Arles.— Tablettes fébrifuges, etc.

606 —   539 FAGES (Laurent), à Montpellier. —
Eau gazeuse, cassis, groseille, etc.

607 —   540 FERRE (Victor), à Marseille. — Capsules végétales.

608 —   633 FÉRES, à Marseille. — Maroquins.
609 —   794 FOA (César), à Marseille.— Flacons
huile animale.

610 —   639 FOUQUE (Louis), à Nice. — Pâte de
carrouges et sirop.

611 —   562 FOURNES (Etienne), à Carcassonne.—
Amidons.

612 —   633 FREMIER, fils aîné, à Marseille. — Maroquins divers.

613 —   673 Veuve GAILLARD - GAXIEUX, à Limoux.— Peaux de veaux.

614 —   523 GAP (Jean-Célestin), à Entraigues. —
Extrait concentré de plantes.

615 —   565 GAUTIER et BONNERU, à Rochecar-
don.— Alun, sulfate pour papeterie.

616 —   628 GAYET et GOURJON, à Marseille. —
Soude brute, sulfate, acides.

617 —   567 GELAS et GUY, à Lyon.— Bougies.

618 — 1085 GERMAIN (Louis), à Marseille.— Savon blanc et bleu.

619 — 511 GOUNELLE (Charles), à Marseille. — Savons.

620 — 575 GOUT (Antoine), à Montpellier. — Un cadre contenant des gravures.

621 — 622 COUST, chimiste, à Paris, désinfection de Gaz.

622 — 615 GRATTEROLE (Louis) à Marseille. — Cirages et vernis.

623 — 653 GROS (Antoine), à Saint-Chamas.— Papier végétal sans chiffons.

624 — 649 GROUMETTY et C*, à Marseille. — Bougies et cierges.

625 — 626 GUERRIN (François), à Besançon. — Vernis en tous genres.

626 — 646 GUIBERT (Adolphe), à Marseille. — Vernis sous-marin.

628 — 577 GUIRAND (Robert), à Marseille. — Blanc de céruse et de plomb.

629 — 596 HOLIVE neveu, à Marseille. — Suc de réglisse.

630 — 608 HONNORATY (André), à Toulon. — Pâte pectorale.

631 — 585 MAUBERT et Fils, à Vallauris. — Eau de fleur d'oranger, etc.

632 — 576 IMBS (Xavier), à Aubagne.— Peaux tannées et corroyées.

633 — 660 JOURDAN (Eugène), à Marseille. —
Eau de Cologne, etc.

634 — 637 JOURDAN-BRIVES fils aîné, à Marseille. — Essences diverses, parfumeries, vins, etc.

635 — 563 JULIAN fils et ROQUER, à Sorgues. —
Garance, alcools.

636 — 531 LABATIE (Alexandre), à Montpellier.
— Papiers à cigarettes divers.

637 — 674 LACROIX fils et Cie, à Montpellier. —
Verdets gris en pains, en boules et en
poudre.

638 — 610 LANDEZ, à Aubagne. — Minium.

639 — 526 LAGRAFFAY (Gustave), à La Nouvelle.
Soufres.

640 — 1199 LATIL (Joseph), à Toulon. — Cuirs
tannés, lissés et corroyés.

641 — 621 LAURENT, à Avignon.— Eau de Botto,
parfumeries.

642 — 643 LARGUÈRE, père, à Pézenas. — Soufre
pour la vigne.

643 — 652 LAUGIER, fils aîné, à Carpentras. —
Poudres, pommades, engrais, etc.

644 — 508 LAURENS (Gustave), à Marseille. —
Produits chimiques.

645 — 676 LAZARE (Martin), à Marseille. — Car-
min de framboises.

646 — 657 LEFÈVRE (Benjamin), à Paris. — Vernis et couleurs.

647 — 669 LIOTIER (Louis), à Vaucluse. —Produits chimiques.

648 — 580 LERICHE, à Lyon. — Huiles de schistes et lampes pour les brûler.

649 — 709 LEROY (Claude-Nicolas), à Passy. — Produits chimiques.

650 — 677 LESAGE (I.), à Marseille. — Un jet d'eau de Cologne.

651 — 638 LESSANCE (A.-L.) jeunes, tanneurs, à Bordeaux. — Croupons de vachettes.

652 — 630 LEVENS (Jeanin), à Alger. — Treize produits de l'oranger.

653 — 572 LHONORÉ (I.), à Marseille. — Suif chimique, représenté par de Banville et signe fils aîné, à Marseille.

654 — 685 LIQUIER, fils aîné, à Clermont-l'Hérault. — Peaux diverses.

655 — 595 LUZET (Constant), à Luxeuil. — Kirsch.

656 — 659 MARTIN et CAVAGNAC, à Marseille.— Vernis métallique.

657 — 655 MARTINY (Blaise), à Grasse. — Eau supérieure.

658 — 512 MASSOT et FERRAND, à Marseille. — Amidon.

659 — 711 JOULLIÉ (Mathieu), à Aniane. — Veaux cirés.

660 — 559 MEUD et Cie, à Brignoles. — Colle-forte.

661 — 644 MERLE (Joseph), à Marseille. — Polustra- cuivre.

662 — 667 MERLE (Henri), à Alais. — Produits chimiques extraits de l'eau de mer, sulfate de soude hydraté et anhydre, sels de potasse. — Produits chimiques ordinaires : sulfate de soude, sel de soude caustique à 90°, id. carbonaté à 91°, cristaux de soude, chlorure de chaux. — Produits aluminés : alumine hydratée pure, aluminate de soude, chlorure double d'aluminium et de sodium, sodium aluminium, bronze d'aluminium, alliage d'aluminium pour la vaisselle plate, laines et soies, teintes par le mordancage à l'aide de l'aluminate de soude. — Laques.

663 — 654 MÉRO (I.), à Grasse. — Pommades et huiles.

664 — 557 MICHAUD (Hyppolite), à La Villette (Paris), Savons, huile de Palme.

665 — 535 MICHELLAND (Antoine), à Marseille. Pâte métallique.

666 — 533 MICHEL, fils, à Vence. — Parfumeries.

667 — 556 MICHEL (Georges), à Aniane. — Peaux de veaux.

668 — 645 MICHEL (Amédée), CHOMINOT et PICARD, à Marseille. — Feuilles de tabac pour cigarettes.

669 —   634 MILLIAU , fils , à Marseille. — Savon blanc.

670 —   544 MILLIAU jeune, à Marseille. — Savon blanc.

671 —   550 MILIUS (Charles) et Cie, à Marseille. — Soufres.

672 —   586 MOLIÈRE , à Toulon. — Peinture hydrofuge.

673 —   534 MONOD (Frédéric), à Marseille. — Chlorure de chaux.

674 —   686 MONTALAND (Charles), à Lyon. — Bougies.

675 —   658 MOTTET (Joseph), à Marseille. — Essences fines, parfumeries, pommades, etc.

676 —   642 MURAIRE (François), à Marseille. — Essences.

677 — 1149 NAVAILLES (le comte de) , au château de Saint-Jean. — Sulfate de chaux en pierre à plâtre , plâtres travaillés , etc.

678 —   597 NICOLAS père et fils , à Marseille. — Savons parfumés.

679 —   527 NOUGUIER (Hippolyte), à Lodève. — Chandelles économiques.

680 —   554 OLIVER et Ce , à Marseille. — Fusées de sûreté pour les mines.

681 —   519 PAGAN , à Marseille. — Parfumeries et liqueurs.

682 —   687 PEACOCK et BUCHANS, à Southampton. — Peinture anglaise.

683 — 555 PILLOZ (J.) , à Lyon. — Toiles vernies.

684 — 650 PLANCHON (Scipion) , à Saint-Hippo-
lyte. — Colles fortes.

685 — 560 PUIG (Michel). à Perpignan. — Papier cigarettes.

686 — 574 POUJOL fils , à Montpellier. — Peaux
de mouton.

687 — 581 PRIVAT (Hippolyte) , à Lodève. —
Savons mous.

688 — 532 RAYNAL , à Narbonne. — Verdet.

689 — 656 REBOUL fils (Auguste) , à Pézenas. —
Soufre trituré.

690 — 680 REMESY (César) , à Marseille. — Eau
parfaite en flacon,

691 — 1153 RENARD frères , à Lyon. — Un cadre
échantillon de soie teinte.

692 — 598 RENARD et JOUVIN , à Marseille. —
Soufre sublimé.

693 — 600 RENARD , JOUVIN et BOUDE , à Marseille. — Soude brute , sulfate et sel
de soude.

694 — 684 RENARD frères et FRANC , à Lyon. —
Produits chimiques. (Principes colo-
rants extrait de la houille , *fuchsine* ,
indisine , *violet impérial* , et échantillons de soie teinte.)

695 — 593 RICHARD , à Bagnols. — Ocre blanc.
(Échantillons.)

696 — 602 RICHAUD (Théodore) aîné, à Marseille. — Savon marbré.

697 — 592 RICOU, LIEUTAUD fils, à Marseille. — Savon blanc.

698 — 564 RIGAL (François, à Toulouse.— Peintures broyées à l'huile.

699 — 572 ROUARD (L.-X.), à Marseille. — Savon blanc.

700 — 529 ROUBAUD (Prosper), à Marseille. — Amidon fait avec du blé.

701 — 624 ROUBIEU (Louis), à Lyon. — Peaux de chèvres corroyées.

702 — 520 ROUFFIA frères, à Perpignan. — Papier sans apprêt pour cigarettes.

703 — 640 ROUGIER (Dominique), à Marseille.— Savon blanc.

704 — 616 RODHAT (Jean), à Lyon. — Liqueurs assorties.

705 — 641 ROCHE et Cᵉ, à Marseille. — Bougies et allumettes.

706 — 557 ROMAIN GAZE (Jean), à Marseille. — Vinaigre.

707 — 651 ROQUES (Antoine), à Montpellier.— Peaux de mouton.

708 — 708 ROUX et SIMIAN, à Marseille. — Soufre sublimé.

709 — 718 ROUX (Charles), fils, à Marseille.— Savon marbré.

710 — 594 ROUX , à Redessan. — Kirsch cerise.

711 — 522 ROUX (Baptiste), à Marseille. — Vernis.

712 — 682 ROZ (veuve), à Marseille. — Chocolats , pastilles , pommade.

713 — 666 RUAULT et Cᵉ, à Paris. — Graisse influide et ininflamable.

714 — 671 RUQUOIS , à Marseille. — Tissus en poil de chèvre.

715 — 542 SALLÈS (Jean-François), à Marseille.— Extraits pour fabrication des liqueurs.

716 — 661 SANGUINÈDE , à Montpellier. — Réglisse.

717 — 652 SIGNORET (Augustin), à Marseille. — Produits chimiques , colles fortes.

718 — 545 SILVAN (Pierre) et Fils, à Marseille. — Courroies en cuir sans couture.

719 — 517 TACHET (Joseph), à Lyon. — Poudre contre les insectes.

720 — 587 THIBAUD (Mathieu), à Montpellier. — Cuirs pour chaussures.

721 — 664 TIVOLLIER DE GOUJON, à Marseille. — Savon blanc à l'huile d'olive.

722 — 620 TSCHIFFELI frères , à Marseille. — Moutarde préparée.

723 — 619 VACHIER (François) et Cᵉ, à Marseille. — Bougies et allumettes en cire.

724 — 607 VERNET (Jean-Baptiste) fils, à Poussan.
— Sulfate de fer, soufres.

725 — 513 VERNIÈRE (Stanislas), à Aniane. —
Veaux cirés.

726 — 582 VICAT, à Marseille. — Insecticide.

727 — 514 VIGNAUX (Prosper), à Marseille. —
Savons de toilette, pommade.

728 — 614 VIVANT (Hyppolite), à Perpignan. —
Fruits confits.

11ᵐᵉ SECTION

**Farines, Fécules, Pâtes, Conserves et Condiments
Confiserie, Industrie des sels.**

729 — 803 ABRIBAT frères, à Bordeaux. — Sucre
raffiné en pains.

730 — 740 ALBOUY (Louis), à Narbonne. — Pâte
carmélite, pastilles de gomme.

731 — 802 ARCOUTEL (Léon), à Tarascon. —
Hosties pour servir de couverture aux
nougats.

732 — 747 AUBELLE, à Dijon. — Jambons et saucissons.

733 — 774 AUGIER (Pierre), à Grasse. — Conserves de fruits diverses.

734 — 726 BERGERET (Seguin), à Nîmes.— Imitation de diverses liqueurs.

735 — 791 BELLOUR (Étienne), à Marseille. —
Liqueurs, vermouth, orgeats, etc.

736 — 751 BEZET frères, à Tarascon. — Nougat.

737 — 761 BIELLE (Pierre), à Marseille. — Sirop de sucre de canne.

738 — 785 BLAIN fils aîné, à Saint-Rémy.— Huile
d'olive.

739 — 770 BROUSSE (Baptiste), à Perpignan.—
Bitter du Mont-Canigou.

740 — 762 BOSIO (Léonard), à Marseille. — Liqueurs assorties.

741 — 714 BORDARIER (Eugène), à Saint-Jean-
du-Gard. — Saucissons divers.

742 —, 1087 BOYER, HEYL et Cᵉ,, à Gignac. —
Conserves de truffes.

743 — 805 BRUNET (Joseph), à Marseille. — Semoule pour vermicelles.

744 — 798 CABRAN et Cᵉ, à La Crau.— Liqueurs,
etc.

745 — 742 CAFFARELLI (Jean), à Bastia. —
Pâtes d'Italie diverses.

746 — 736 CAMOIN-D'ARMAND, à Marseille. —
Caramels.

747 — 1168 CAMPREDON (François), à Marseille.
— Vins fins et liqueurs, étrangers
d'origine.

748 — 725 CANTINI (veuve), à Marseille. — Truffes en conserves.

749 — 1171 CAUMETTE (Alphonse), à Marseille.
Chocolats, sardines à l'huile, moutar-
des, fruits confits au vinaigre.

750 — 756 CAVALIER frères, à Grasse. — Essences diverses.

751 — 730 CHAMBON (Louis), à Marseille. —
Chocolats.

752 — 720 CLERC (Raymond), à Sigean. — Vin
Grenache.

753 — 718 CHRESTIEN, à Montpellier. — Vins
assortis.

754 — 1131 COQ, mécanicien, à Aix. — Pompe
aspirante et foulante, avec réservoir
d'air.

755 — 733 COSTE (Claude), à Arles. — Élixir
stomachique et liqueurs.

756 — 778 COLONDRES (Joseph), à Thuir. —
Sirops divers.

757 — 765 COURET, OFFAND et Cᵉ, à Marseille.
Pains de sucre raffiné.

758 — 781 DASTRÉ frères, à Marseille. — Vins
assortis.

759 — 752 DAVID (François), à Cette.—Anchois
en conserves.

760 — 769 DELEBECQ (Alexandre), à Lille. — Liqueurs diverses.

761 — 722 DOR (Jern-Baptiste) , à Marseille. — Élixir de Saint-Jean , liqueurs.

762 — 750 DUVAL (V.-A.), à Paris. — Pur cacao , théobromade.

763 — 759 DYE (Jean-Pierre) , à Marseille. — Sucre de voyage.

764 — 746 FABRE (Adrien), à Eyguières. — Huiles surfines d'olive.

765 — 794 FOA (David) , à Marseille. — Punch impérial.

766 — 743 FOSSATY (Josepu) , à Perpignan. — Chocolat.

767 — 764 FRANCOU frères , à Marseille. — Riz divers.

768 — 796 GALLAND neveu , à Vienne. — Élixir des Baux et liqueurs.

769 — 801 GASSIER (Jacques) , à Marseille. — Chocolat.

770 — 1129 GELLER , à Marseille. — Deux pièces montées en sucre.

771 — 763 GEORGES (Victor) , à St-Menet. — Liqueurs.

772 — 724 GENOT frères, à Lons-le-Saunier. — Vins rouges et blancs.

773 — 779 GUÉRIN (G.) à Marseille. — Vins divers.

774 — 749 GIRAUD frères, à St-Chamas.— Farine
et sons.

775 — 783 GONDRAN (ANDRÉ), à Marseille.—
Parfumerie-et liqueurs diverses.

776 — 749 GRANDVAL (J. ET Cie), à Marseille. —
Sucre raffiné de diverses qualités.

777 — 775 GROULT (CAMILLE), à Paris.—Pâtes et
farines pour potage.

778 — { 728 GUIDON (LOUIS), à Ajaccio.—Terrine de
{ 797 merles, vin corse.

779 — 775 GUIOL (J. M.), à Fayence.—Vins.

780 — 768 GUINTRAN (LIONS), à Marseille. —
Semoule faite avec des blés d'Afrique.

781 — 753 GUIRAN (J.)fils, à Lauris.—Huile d'olive.

782 — 751 GRIMAUD (BAPTISTIN), à St-Zacharie.—
Liqueurs.

783 — 788 HONNORAT ET JOURDAN, à Aix.—
Graines du Sénégal.

784 — 1172 IMBERT (VVE), à Marseille.—Confiture
économique, chinois cristalisés et au
sirop, fruits du pays, glacés.

785 — 754 IMBERT ET Cie, à Marseille.— Articles
de confiserie.

786 — 729 JAUBERT (J.) ET BLANC (E.), à Marseille.—Café.

787 — 789 JOUBERT (BIDOT) à Macon.— Liqueurs
diverses.

788 — 766 JULIEN (Jean-Baptiste), à Marseille. —
Café.

789 — 799 LACROIX (Pierre), à Paris. —Café.

790 — 795 LAGARDE (Jean-Baptiste), à Toulon. —
Pâtes alimentaires.

791 — 807 LANDRELOUP (Louis-Victor), à Orléans
— Chocolat en pâte.

792 — 721 LION (Apollinaire), à Marseille. —Huile
d'olive épurée.

793 — 716 LOMBARD (Fortuné), à Marseille. —
Chocolat.

794 — 772 MAIFFREDY frères, à Marseille. —Barils
et balles de farine.

795 — 743 MARCON (Cyprien), à Montpellier. —
Chocolat.

796 — 1163 MARTINI (Rougou), à Marseille. —Truffes en conserves au naturel concentrées.

797 — 717 MARTY (Jean-Prosper), à Marseille. —
Fleurs en sucre.

798 — 759 MASSOT, Père et fils, à Marseille. —
Sucres raffinés.

799 — 767 MÉNÉCIER (Charles), à Marseille. —
Noix de Chine.

800 — 713 MEY (Felix), à Aix. —Vermicelles et
pâtes assortis.

801 — 748 MEYNARD (Louis), à Marseille. —Sujet
religieux en sucre.

802 — 787 MICHEL, à Salon. —Vins divers.

803 — 725 MOULLET (I.), à Marseille.— Fleurs en sucre et fruits confis.

804 — 741 MUSSY (CHARLES), à Marseille.—Chocolats.

805 — 793 NICOLAS (JEAN-FRANÇOIS), à Marseille.— Pâtes, vermicelles, macaronis.

806 — 780 NICOLAS (Vve), à Marseille.— Huile d'olive. Essence d'olive.

807 — 784 PACIFIQUE (LENGLET), à Lyon.—Café.

808 — 752 PRAT fils aîné, à Marseille.— Chocolats.

809 — 758 PASCAL (EUGÈNE), à Marseille.—Fécule des Vosges.

810 — 804 PÉRIDIEU (EUGÈNE), à St-Laurent.— Vins.

811 — 754 PEROTIN (JACQUES-GUSTAVE), à Arles.— Liqueurs diverses.

812 — 715 POURCHIER fils, à Avignon.—Chocolats et nougats.

813 — 806 POUTEN (pharmacien) à Remoulins.— Elixir, kirsch et vins.

814 — 755 REINAUD CHAPPAZ et Cie, à Marseille.— Liqueurs assorties en carafes.

815 — 777 RIVOIRE frères, à Marseille.—Liqueurs et vins composés.

816 — 782 ROUGIER (D.), à Marseille— Huiles diverses épurées.

817 — 771 ROUNARD (THÉOPHILE), à Marseille.— Conserves et condiments, salaisons.

818 — 800 ROUSSEAU ET LAURENS, à Paris.—
Fruits conservés au sirop et liqueurs.

819 — 1086 ROUX ET BERNABO, à Marseille.—
Sucre raffiné.

820 — 712 RUBINO (Antoine), à Nice.—Chocolats
et bonbons.

821 — 790 SAISSE (Hyppolite), à Marseille.—
Farines diverses.

822 — 744 SALANON (B.), à Avignon.—Liqueurs
assorties.

823 — 760 SAUTEL (J.-Nicolas), à Mazan.—Vin
rouge de grenache.

824 — 808 SECRESTAT (J) aîné, à Bordeaux.—
Liqueurs assorties.

825 — 757 SICARD fils, à Vallauries. — Eaux de
fleurs diverses.

826 — 755 SICARD (Adrien), à Marseille.—Produits retirés de la canne à sucre.
(Sorgho.)

827 — 776 SIMIAND (Henri), à Grenoble.—Elixirs
et liqueurs.

828 — 758 TARASCON (G.), à Carpentras.—Elixir
digestif.

829 — 786 TASSART (Bordin), à Paris.—Fruits au
vinaigre et moutarde.

830 — 757 TIRCIS (Emile), à Marseille.—Liqueur
de Ste-Hélène, digestive.

831 — 792 WILD (Michel), à Strasbourg.—Vins et
kirschs.

832 — 727 VIGUIER et MICHEL, à Cavaillon.—
Saucissons truffés.

12me SECTION

Comprenant : laines, draps, tapis, lins et cotons, bonneteries, soies, rubaneries et passementeries.

833 — 810 Veuve ACCARY et fils, à Marseille. —
Couvertures laines diverses.

834 — 834 ACHARD (Gustave) et LOUIS, à Marseille — Toiles à voiles en coton à la mécanique.

835 — 818 AUBANEL (Alphonse), à Sommières.—
Laine peignée.

836 — 836 AYMARD (François) et Cie, à Marseille.
— Cotons pour bas et tricots.

837 — 860 BANON, frères, à Digne. — Draperies nouveautés.

838 — 845 BARBOT et FOURNIER, à Lodève. —
Draps pour l'habillement des troupes.

839 — 854 BELVAUX - TENAIN père et fils, à
Asnières. — Tissus divers, etc.

840 — 864 BISCARAT (François), à Tarascon. —
Cocons de vers à soie.

841 — 828 BLANC (Jacques), à Saint-Hyppolite. — Bonneteries de soie, cachemires, etc.

842 — 820 BOUDET (François), à Uzès. — Soies diverses.

843 — 812 BRÈS (Jean-Honoré), à Alais. — Ecorce de mûrier.

844 — 811 BRUNEL aîné, à Marseille. — Soies grèges et écrues.

845 — 867 GARIOL de DÉCANIS, à Marseille. — Laines à matelas cardées.

846 — 815 CHAFFARY (Charles), à Marseille. — Scourtins pour les huiles.

847 — 859 CHAFFIOL (S.), à Perpignan. — Velours-soie unis.

848 — 826 FAESSLER (Jean-Ulrich), à Lyon. — Toiles-soie et tissus.

849 — 842 FERRAND (Victor), aîné, à Aix. — Mouchoirs imprimés.

850 — 841 GARDAIS (F.), à Marseille. — Assortiment de toiles, etc.

851 — 835 GAVOTY (Louis), à Toulon. — Tapis en feutre imprimés (représenté par de Banville et Signe fils aîné à Marseille).

852 — 843 GÉLY (Victor), à Saint-Gavais. — Sarraux brodés à la main.

853 — 833 GEOFROY, frères, à Marseille. — Echantillons de parquets, mosaïques, etc.

854 — 851 GUÉRIN - MÉNEVILLE , à Paris. —
Aylanthe, son éducation, cocon et soie
qu'il produit.

855 — 848 GUÉRIN neveu, LAGET ET CABANIS, à
Nimes. — Assortiment de bonneteries
et coiffures, etc.

856 — 846 HACQUE-HAINS (MAURICE), à Ansauvil-
lers. — Confections de toiles et cotons.

857 — 813 HIGOUNENC (GUILLAUME), à Bédarieux.
— Déflochage de bouts de laine.

858 — 827 HONNORAT (HENRI) ET Cie, à Marseille.
— Soie grège.

859 — 823 JOURDAN frères, ET Cie, à Lodève. —
Pièces de draps, couvertures.

860 — 865 LANÇON (A), à Lyon. — Échantillons
de soieries.

861 — 1077 LAPIERRE (JEAN-BAPTISTE), à Avignon.
— Tapis mécaniques en drap faits en
couture.

862 — 866 LEBRUN ET EUZET, à Montpellier. —
Ouates et cotons.

863 — 862 LEMAN (AUGUSTE) ET Cie, à Roubaix. —
Coutils façonnés pour pautalons.

864 — 857 LÉONI ET COBLENZ, à Vaugenlieu, —
Chanvres non roués.

865 — 824 MARTIN (ALFRED), au Pont d'Hérault.
— Déchets de soie peignés et filés.

866 — 809 MARTIN (François), à Marseille. — Appareil en laine feutrée pour machines.

867 — 832 MATHIEU (Pierre), à Auriol. — Echantillons de cotons.

868 — 837 MAURIN, à Marseille. — Tapis de pied en drap de laine.

769 — 822 MARARGUES frères, à Nice. — Articles en fil, coton et laine.

870 — 853 MEISSONNIER père et fils, à Toulouse. — Toiles pour peinture à l'huile.

871 — 861 MERLE et MICOLON, à Lyon. — Gélatine d'os.

872 — 849 MEYNARD et Cie, à Valréas. — Cocons de Chine. (Récolte de 1860).

873 — 856 MINGAUD père et SEIGNOUREL, à Saint-Pons. — Draps divers.

874 — 847 MIQUEL aîné et fils, à Saint-Pons. — Draperies diverses.

875 — 829 NOURIGAT (Emile), à Lunel. — Maladies et éducation des vers à soie.

876 — { 755 / 863 } PERBOST, TROUCHET et Cie, Marseille. — Velours, peluches, soie grèges, etc.

877 — 853 PIQUES aîné, à Nancuise. — Carton pour apprêts des étoffes.

878 — 840 PORTES (Louis), à Clermont-l'Hérault. — Draps de laines.

879 — 830 RAFFIN (Joseph), à Marseille. — Chanvre et lin.

880 — 825 ROGGERO (Pierre-Antoine), à Marseille. — Toiles à voile tout coton.

881 — 816 SALLANDROUZE-LEMAILLE, à Marseille. — Tapis et tapisseries.

882 — 844 SALAVILLE, PUECH et ANDRÉ, à Lodève. — Couvertures de voyage en laine.

883 — 821 TEISSIER (Ernest), à Valleraugues. — Soies grèges et ouvrées, cocons.

884 — 839 THIEUX (Pierre), à Marseille. — Draps et tissus imperméables.

885 — TOURAMES (Jules) et LOUIS, à Saint-Remy. — Chardons.

886 — 838 VAST (H.), à Aix. — Laine peignée.

887 — 817 VERNAZOBRES (Jean) et fils, à Bédarieux. — Draps de laine.

888 — 814 VERZANOBRES frères, à Bédarieux. — Draps d'exportation pure laine.

889 — 852 VERNET frères, à Beaucaire. — Flotes de soie, grèges et ouvrées.

13me SECTION

Comprenant : Tabletterie, Meubles, Dorures, Objets
de Fantaisie, Tentures, Ustensiles de Ménage.

890 — 922 ALEXANDRE (JEAN), à Paris.— Glaces
sculptées sur bois.

891 — 1145 BARBAROUX (MIETTE), à Tourves.—
Un couvre-pieds piqué, une couverture tricotée.

892 — 885 BALSAN (AUGUSTE), à Montpellier.—
Pieds de table divers modèles, colonnes
fantaisies, colonnes torses , modèles ,
paters ovales.

894 — 923 BARTHÉLEMY (VERICOL), au Hâvre.—
Une vierge dorée à l'eau avec Bruni sur
peinture à l'huile sans blanchir à la
colle, breveté d'invention.

895 — 882 BEGUE (AUGUSTIN) à Marseille, — Jeux
aériens , hélice aérienne, oiseaux pois-
sons volants.

896 — 872 BELLADINA (JOSEPH), à Marseille.—
Articles de fantaisie et de parure, imitation ambre.

897 — 936 BERNARD HOEN (JEAN), à Nîmes.—
Croisées nouveau système avec volets
et persiennes se repliant dans l'épais-
seur du mur; armoire sculptée.

898 — 886 BERNARD (GASPARD), à Montpellier.— Tarrières pour enlever la récolte dans des terrains marécageux, ces tarrières font le trou d'un seul coup.

899 — 991 BERNASSAU cousins, à Nîmes. — Un billard à moulure, Table ardoise.

900 — 894 BLANC (FRANÇOIS), à Marseille. — Bibliothèque ou garde-bijou sculptée vieux bois, genre renaissance.

901 —, 915 BLANQUI (A.) à Marseille, Console, canapé, fauteuils, chaises, Rideaux pour croisée.

902 — 945 BRISSE (HENRI), à Marseille.— Objets en reliefs sous verre, reproduction d'un château près Paris.

903 — 895 BON VALENTIN père et fils à Marseille. — Un billard en bois de chêne sculpté.

904 — 892 BON VALENTIN, père et fils, à Marseille. — Un billard en bois de rose noir, palissandre, amaranthe et marqueterie, genre Louis XIII.

905 — 906 BONHOMME, AUGUSTE, ET BÉCAMIER, FRANÇOIS, à Marseille.— Brosse à parquet ordinaire surmontée d'un chapeau en fente rectangulaire, etc.

906 — 876 BOREL [FRANÇOIS], fils, une croisée avec garniture en soie, une croisée avec une garniture en laine, une croisée avec une garniture en toile, un fauteuil bois doré, id. en toile, une chaise en noyer, une toilette avec sa glace, un fond d'appartement.

907 — 899 CABANEL, frères, à Montpellier.— Bibliothèque style Louis XIV, bois de noyer naturel.

908 — 890 CAMOIN, jeune, à Marseille.—Panneaux, peinture à l'huile pour décoration d'appartements et ornement en carton-pierre.

909 — 889 CAMOIN, jeune, à Marseille — Plafonds dorés pour décoration de bâtiments.

910 — 880 CAMOIN, jeune, à Marseille.— Plafonds peinture à la fresque et à la colle pour théâtres, églises, monuments, etc.

911 — 887 CAMOIN, jeune, à Marseille.— Dessins et projets de décoration, aquarelles pour intérieurs d'appartements, églises, monuments et établissements publics.

912 — 891 CAMOIN, jeune, à Marseille.— Stores transparents.

913 — 896 CARPENTRAS fils, (JEAN-BAPTISTE), à Marseille.— Une toile sur chassis, exécution de marbres en tous genres.

914 — 905 CARPENTRAS, fils, (JEAN-BAPTISTE), à Marseille.— Tableaux de décoration imitation de parquetage, faux bois et marbres de luxe, décoration d'intérieur pour monuments et autres.

915 — 933 CREMER, à Paris.— Tables en bois recouvertes en marquetterie, mosaïque, (représenté par BON VALENLIN à Marseille.)

916 — 920 CONDAMINE (ANTOINE), à Béziers. — Crin animal frisé et cardé à l'usage des tapissiers et selliers.

917 — 938 CONTE J. à Toulouse. — Chaises pour salon à manger, de compagnie, et cabinets en bois divers.

918 — 873 DALMAS (JOSEPH-ANTOINE), à Marseille. — Gardes-robes inodores pour maisons et marine, représenté par de BANVILLE et SIGNE fils aîné. .

918 *bis* COULAZOU (JOSEPH), à Montpellier. — Dais pour procession, fanaux en argent et ornements d'église en drap d'or.

919 — 915 DAVIN (CÉLESTIN), à Marseille. — Appareils indicateurs à sonnerie pour hôtels, bains, établissements publics et privés .

920 — 877 DONGUY (JEAN), à Marseille. — Sommiers élastiques.

921 — 928 DESHAY (ADOLPHE), à Marseille. — Plumes d'Autruche brutes et travaillées ; plumes queue de marabout ; oiseau de paradis monté en parure ; panaches pour dais en plume d'Autruche ; parures pour dames.

922 — 924 DEVILLERS (JOSÉPHINE) et Sœurs, à Marseille. — Dessins sur tissu faits à la main pour ameublement ; tricot ; dentelle en fil d'Alsace et coton.

923 — 907 DOUX (LOUIS), sculpteur, à Marseille. — Table, console Louis XV et XVI.

924 — 870 DUCAMP (LOUIS), à Alger. — Parquets, cadres et bordures.

925 — 1094 DUVERNET, à Marseille.— Une toilette sculptée en bois de noyer, objet d'art ciselé.

926 — 898 FALGUEIRETTES frères, ébénistes, à Cette. — Buffet dressoir, vieux bois tout sculpté.

927 — 874 FASCALINA (BERNARDIN), à Marseille. — Une console et un cadre de glace style Louis XV.

928 — 871 FAURE (FRÉDÉRIC), à Marseille. —Lanternes vénitiennes tournantes, perfectionnement pour illuminations publiques.

929 — 878 FERRAND (FÉLIX), à Marseille.— Un tableau représentant un bouquet composé de diverses espèces.

930 — 1151 FIZE (JUSTIN), à Marseille. — Plumes et duvets de fleurs naturelles, mais conservées à l'état sec et appliquées sur papier.

931 — 900 GAILLAC frères, à Marseille.— Parquets plaqués par procédé mécanique ; parquets massifs et moulures. — Une porte de salon.

932 — 883 GALIBERT (PIERRE), à Marseille. — Manequin donnant toutes les poses de la nature avec une très grande souplesse.

933 — 943 GAUTHIER (PIERRE), à Sorgues. — Etoffes brodées pour fauteuils, tapis brodés.

934 — 940 GRANET (Alexandre), à Marseille. — Un berceau à dôme sculpté.

935 — 918 GIRARD (Jacques), à Marseille. — Une chaise tournée garnie en rotin.

936 — 927 GUÉTIN frères, cordiers, à Marseille. — Cordages en crins, poil de chèvre et mélange.

937 — 902 GRANGE, ébéniste-tapissier, à Lyon. — Une armoire à glace faisant bureau et commode ; toilette ; commode ; bureau de dames en palissandre ; canapés, chaises, fauteuils, etc.

938 — 869 HESSE fils, à Marseille. — Literie et meubles de jardin.

939 — GAY (Désiré), à Aix. — Bouquins à l'usage des fumeurs, s'adaptant à la pipe, cigare et cigarette.

940 — 1201 JUNIQUE (Antoine), à Marseille. — Modèles en ébénisterie.

941 — 937. JUMELIN (Henri), miroitier, à Marseille. — Une glace encadrée.

942 — 909 LACROIX (Honoré), à Nice. — Table-guéridon en mosaïque de bois, avec fleurs et armes de la ville de Marseille ; buvard avec figures ; bénitier sculpté en mosaïque ; pupitre avec sculptures et paysage.

943 — 880 LAPEYRE frères (Victor), à Marseille. — Crins carrés ; articles pour tissus en crin ; velours et rubans, crin frisé pour tapissier, sellier, carossier, etc.

944 — 926 LAVAULT (Vincent), à Marseille. — Une console ; mastic dit *Pâte anglaise* ; dorure imitant le bois doré.

945 — 884 LAURET (Paul), mécanicien photographe, à Marseille. — Tableau mécanique avec deux personnages, exécutant tous les mouvements et opérations nécessaires pour faire une épreuve photographique.

946 — 944 MATHEVON et BOUVARD à Lyon (représentés par Chapuis Léon, à Marseille). — Étoffes pour ameublements, étoffes riches pour d'autres genres.

947 — 925 MAYBON (Pierre-Charles-Baptiste), à Toulouse. — Parquets à la mécanique.

948 — 879 MAZAROZ (Paul) et RIBAILLIER, à Paris. — Un meuble en noyer sculpté, avec figures rondes-bosses ; un meuble en chêne, avec attributs de chasse, vendanges et moissons, albums de meubles photographiques.

949 — 914 MAZET (Honoré), à Marseille. — Cadres ovales vernis.

950 — 912 MEGY (Jean-Baptiste), à Marseille. — Une petite chaise forme ronde, en une seule pièce.

951 — 1106 MORILLON (André), à Marseille. — Hôtel-de-Ville de Paris en bois sculpté, château de Foix. — Chemin-des-Chartreux, 2.

952 — 904 MONDOU (JOSEPH), à Marseille. — Un autel pour chapelle, petit modèle, avec ses ornementations en moulure et sculpture, le tout exécuté par la même main et en bois.

953 — 908 OLIVIER (ÉTIENNE-MAURICE), à Marseille. — Sommiers et traversins élastiques.

954 — 935 PASQUER (ÉMILE), à Marseille. — Objets d'art concernant l'ameublement et la tapisserie, une borne pour salon en petit modèle.

955 — 932 PERICHON (AIMÉ), à Marseille. — Pipes et portes-cigares coco et bruyère, monture en argent.

956 — 897 PLANCHON (JOSEPH), à Cette. — Un objet de fantaisie réunissant huit petites futailles.

956 *bis* PLANCHON et Cᵉ de Neuilly (Seine). — Tapisserie de Neuilly pour décoration d'appartements, représenté par OUDIN, rue de la Darce, 14.

957 — 942 PRIEUX, peintre, à Paris. — Vitraux, gaze avec chassis en sapin vernis, garnis en cuir végétal.

958 — 939 RAYNAUD (FRANÇOIS), à Marseille. — Un grand cadre de glace vieux chêne sculpté et argenté.

959 — 893 ROMÈGE (JEAN-BAPTISTE), peintre, à Marseille. — Un panneau de tenture représentant une chasse à l'ours, dans les Alpes.

960 — 1080 ROUSSELET (EUGÈNE), à Marseille. — Glaces bizeautées, ovales et carrées.

961 — 875 ROUSSIN aîné, fabricant de billards, à Marseille. — Billards plaqués en palissandre, avec listels en bois de rose, genre grande douine, bandes, corps et pieds à pans coupés et table en ardoise.

962 — 921 ROMY (PIERRE), à Villeurbanne. — Coffrets de fantaisie présentant un nouveau système de serrures sans clefs, sans chiffre et sans combinaison, pouvant s'adapter aux coffres-forts.

963 — 929 ROUX (FRANÇOIS), ébéniste, à Paris. —Bibliothèque Louis XVI bois de rose, avec applications de bronzes dorés, meuble d'entre-deux de fenêtres, pendules en marqueteries, trois modèles, table à ouvrage.

964 — 917 SAINTE et BOYER, à Marseille. — Canapés, fauteuils ,chaises.

965 — 916 SEGUY (PASCAL), tapissier et fabricant de meubles, à Montpellier. — Un buffet-bibliothèque noyer et moulures noires, un buffet chêne noir et bronze.

966 — 931 SOLON, sculpteur, à Paris. — Deux statues gothiques avec supports et clochetons, une grande Vierge 1^m 50 de hauteur, deux bas-reliefs du chêne de la croix. Ces objets sont en carton, pierres et bois à l'intérieur.

967 — 941 TABALLON, sculpteur, à Nîmes. — Uu cadre sculpté en bois, genre Louis XV.

968 — 901 TIVOLE, marchand de meubles, à Lyon. Sommiers élastiques nouveau système.

969 — 930 TRICOTEL (ALPHONSE-CHARLES (, à Marseille. — Clôtures en treillages fabriqués à la mécanique pour clore parcs, prairies, cultures, etc.

970 — 911 TRINQUIER (CASIMIR), à Montpellier. — Planches imitant le marbre d'après nature.

971 — 881 TRUZE (PIERRE), à Marignane. — Collection d'oiseaux empaillés pour servir à l'histoire naturelle.

972 — 903 VIGOUREUX (E.), à Marseille. — Crin végétal de palmier nain.

973 — 934 VIVET (PIERRE-PAUL), à Marseille. — Une statue de Napoléon Ier, une panthère, fabriqués avec un mauvais couteau.

14ᵐᵉ **SECTION**

**Comprenant : Carrosserie et Bourrellerie, Articles
divers , confections.**

---

974 — 949 AUZEILL NOELL , à Ceret.— Manches
de fouets en micocoulier , dit bois de
Perpignan.

975 — 961 BERNARD (neveu) de MOULIERA, à
Lyon.— Malles de voyage et de campement.

976 — 948 BOUISSEREN , à Béziers.— Cabriolet
américain à 4 roues, nouveau modèle.

977 — 962 BOUTIER , bourrelier , à Marseille.—
Un collier à la française, genre anglais.

978 — 946 CARTIER (FERRÉOL), à Marseille. —
Une Malle pour Dames dite boîte à
chapeaux et robes.

979 — 958 DECANIS fils, matelassier , à Marseille.
—Bourre de chèvres blanches et grises.

980 — 950 DENIZE frères, COULANDRE, à Sauve,
(Gard). — Fourches à 2 , 3 , 4 , 5 et
9 becs , Manches de faulx et outils.

981 — 956 FAVOREAU (VICTOR), à Lyon. —Une
Voiture-fauteuil pour malades.

7

982 — 947 GUITARD (S.), à Nîmes. — Articles de chasse et de voyage, malles en bois et en cuirs.

983 — 959 JULLIEN (Louis), Carrossier, à Marseille. — Une Calèche découverte montée à ressort à pincette devant et 5 ressorts derrière à crosse, essieu à patente, 4 plans intérieurs.

984 — 960 LESAGE (J.), à Marseille. — Un nécessaire de toilette garni, modèle nouveau, une trousse de voyage cuir garni, 2 sacs de voyage en cuir garnis.

985 — 963 MATABON (Louis), à Marseille. — Une Roue en fer perfectionnée applicable à la Carrosserie.

986 — 952 MOLINARI (Pierre), à Marseille. — Appareil contre le mal soit préservatif perfectionné du cahotement des voitures et du chemin de fer.

987 — 951 PARANQUE (Joseph), menuisier, à Marseille. — Caisse de voiture avec vis romain.

988 — 955 RIPERT (Antoine), à Marseille. — Frein de sûreté applicable à toute espèce de voiture.

989 — 954 SABATIER (François), à Marseille. — Une voiture de luxe.

990 — 957 WALCKER (W.), à Paris. — Articles de voyage, de chasse, de gymnastique et de campement, sellerie, harnachement.

991 — 955 WINCHET (André) fils, à Marseille.—
Scourtin de différentes qualités en
crin animal, Etendelles en crin animal, pièce malfil, échantillon de crins
frisés de différentes qualités, animal et
végétal.

15ᵐᵉ SECTION

**Comprenant : Lingerie, Dentelles, Broderies, Orne-
ments Religieux, Vêtements, Gants et Chaussures, Chapellerie et Fourrures, Quincaillerie, Modes,
Fleurs artificielles, Jouets, Machines et Outils
servant à des Confections.**

992 — 1000 AUBE (Pierre), Saint-Aine-Lillu.— Barils tournant sur un pivot.

992 — 965 SYLVESTRE (Aman), mécanicien, à
Marseille. — Appareils à l'usage des
tailleurs pour prendre mesure des cor-
sages et des pantalons.

994 — 1003 BALLESTRAZZI fils, à Marseille. —
Chemises, toiles et percales.

995 — 1024 BARTHÉLEMY (Antoine), à Lunel.—
Foudre en bois de Bosnie.

996 — 1012 BASSERGUES (Rigaud), à Marseille.—
Ganterie mécanique, chemises, cale-
çons et gilets de flanelle.

997 — 969 BAUDUC frères, à Fayence. — Chapeaux feutre sans apprêt.

998 — 1811 BEC (Lucien) cadet, à Marseille.—Peau de lion avec tête ; manchons Victoria et cols russes.

999 — 1063 BEC (Joseph) et Cᵉ, à Marseille. — Peaux, fourrures et peleteries confectionnées.

1000 — 1002 BEBARBE (Léontine), à Marseille. — Deux Jupes à ressort.

1001 — 1052 BELLON (Frédéric), à Aix. — Escarpins doublés et garnis sur soie.

1002 — 1068 BLACHE (femme), à Marseille.—Deux jupons crinolines voyageuses.

1003 — 995 BENAZET et Louis BADUEL, à Marseille. — Habillement d'homme complet.

1004 — 967 BERNARD (I.), à Marseille. — Un vase camélia artificiel.

1005 — 1067 BERTOLLA (Jean) fils, à Marseille. — Chapeaux de paille.

1006 — 1042 BESNARD (Augustin), à Marseille. — Panier pour le transport des liquides.

1006ʙ— 1042ʙ BIANCHETTY (Louis), à Marseille. — Peigne-secteur pour l'entretien des cheveux, tenus dans un état régulier sans le secours d'une main étrangère.

1007 — 979 BOLOMINI (Joséphine), à Montpellier. — Morceau de cachemire des Indes tissé à la main, reprises sur mousseline.

1008 — 1014 BORSARELLI (Marianne), à Marseille.
— Corset dit Brassière à la reine.

1009 — 1045 BOSC-DEVÈZE fils, à Nîmes. — Assortiment de schals soie , coton et laine.

1010 — 1019 BOUCHET (François), à Marseille. —
Tiges et empeignes de souliers.

1011 — 980 BOUQUET (Nicolas-Antoine), à Marseille. — Tissus Bouquet.

1012 — 1037 BRUNET (Marguerite), à Limoux.—
Dentelles façon Belge.

1043 — 777 CALLEBAUT (Charles) aîné, à Paris.
— Une série de machines à coudre.

1014 — 1065 CARTIER (Pauline), à Esperaza. —
Dentelles de Flandre.

1015 — 1001 CLARKE (Frédéric), à Marseille. —
Dentiers osanores , caoutchouc et or,
plusieurs pièces diverses.

1016 — 1047 COSTE (Paulin), à Montpellier. —
Une vitrine contenant des ouvrages
en cheveux.

1017 — 1046 CRAUSAZ (Jean), à Marseille. —
Bottes de marais en caoutchouc et en
cuir.

1018 — 977 LES DAMES RELIGIEUSES DE St-
JOSEPH, à Marseille. — Rochet
brodé sur tulle, lot de fleurs artificielles.

1019 — 1052 DANIEL (Gustave , à Marsillargues.
— Chapeaux en feutre, poils de lapins imprimés, avec dessins variés.

1020 — 996 DIBON (Hyacinthe), à Marseille. — Chapeaux d'été en feutre, forme de ceux en soie.

1021 — 999 DISSET (Esprit), à Nimes. — Articles filets, gants, mitons, résilles, pélérines soie et mi-soie, coiffures, lacets soie, chenilles, etc., or et argent de nouveauté.

1022 — 1056 DOGNIN et Cᵉ à Lyon. — Dentelles, châles, mantelets et coiffures.

1023 — 1035 DOUDON (Jean), à Marseille. — Sandales, chaussons et souliers.

1024 — 1027 DUMAS (Laurisse), à Marseille. — Lingeries pour homme.

1025 — 1022 FABRE (Étienne), à Marseille. — Chaussures pour chasse, brodequins et tiges.

1026 — 882 FANJEAUD père et fils, à Marseille.— Nouvelle machine souffleuse de chapellerie.

1027 — 1025 FAURE (J.), à Nimes. — Chemises et gilets de flanelle.

1028 — 984 FAURE, à Marseille. — Un tableau de broderie or et soie.

1029 — 1051 FERGUSSON aîné et fils, à Paris. — Dentelles en soie variées.

1030 — 1034 FORET (Camille) et Cᵉ, à Lyon. — Chemises, cols et blouses toiles.

1031 — 1060 GAICH (Justine), à Arques. — Dentelles Belges.

1032 — 973 GALLIN-MOULINE, à Vals. — Rubans en velours façonnés.

1033 — 964 GARBARINO , forgeron de marine , à Marseille. — Pompes à cloches, avec clapets en caoutchouc , système Perreaux.

1034 — 983 GAUTIER - VILLARET , à Alais. — Chapeaux feutre sans apprêt.

1035 — 971 GAY fils aîné , à Montpellier. — Dessins pour broderies sur divers tissus à la mécanique.

1036 — 1058 GAY, née POIRIER , à Montpellier.— Costumes de dames et d'enfants , brodés sur tissus.

1037 — 1008 GELLIN (C.) , à Lyon. — Châles brochés , laines et cachemires.

1038 — 1026 GILLET (Émile) , à Marseille.— Chapeaux de soie.

1039 — 1044 GOODWIN (Ch.-R.), à Paris. — Machines à coudre brevetées.

1040 — 974 GRISOLLE (L.), à Marseille. — Travaux en cheveux.

1041 — 1025 GUASCO (Marius) , à Marseille. — Parapluies dits paraverses.

1042 — 1111 GUERCY fils aîné , à Marseille. — Une paire de bottes de marais.

1043 — 1016 GUIGNON (Élisa) , à Marseille. — Crinolines dites jupes à filets.

1044 — 1056 GUILHEM (Sophie), à Arques.—Dentelles Belges.

1045 — 1007 GUILLARD (Louise), à Cette. — Tapisserie velours, faites avec deux aiguilles seulement.

1046 — 1051 HAVARD (Joseph) et BOURGOISE, à Paris. — Appareils filtrants, filtres portatifs, filtres fontaines, filtres de poche.

1047 — 1006 HUTCHINSON SMYTH et Cᵉ, à Paris. — Caoutchouc spéciaux pour les mécaniques à chaud et à froid, courroies en toile, sceaux en caoutchouc pour les acides. (Représenté par BANVILLE et SIGNE, à Marseille.)

1048 — 1021 LABATUT (Jean-Baptiste), coiffeur, à Marseille. — Tissus en cheveux implantés.

1049 — 986 LACOMBE (Isabelle), à Montpellier. — Dentelles Valenciennes, neige.

1050 — 985 LACROIX (veuve), née LAVAGNE, à Vidauban. —Couvertures et pièces piquées.

1051 — 1020 LAMBERT (Benoît), à Nice.— Chaussures imperméables, fantaisie.

1052 — 1048 LAUTIER (Jean-Baptiste), à Ollioules. — Fleurs d'immortelles naturelles et colloriées.

1053 — 1050 LARGUÈZE (Louis), à Montpellier.— Une vitrine contenant divers échantillons de sabots.

1054 — 1158 LAVABRE (Hippolyte), à Marseille.
— Gants de peau.

1055 — 1058 LAVAL (B.) fils, à Marseille. — Chemises, pantalons et gilets.

1056 — 1041 LECROSNIER (M.-L.), à Paris. — Tapis en toile cirée imprimée pour navires, bâches pour roulage.

1057 — 968 LEFEBVRE et ASHE, à Marseille. — Confection anglaise et française pour enfants.

1058 — 975 LETELLIER (Charles-Auguste), à Marseille. — Un tableau bouquet de fleurs en cheveux.

1059 — 1034 LUGAGNE (Rosalie), à Marseille. — Corsets et crinolines.

1060 — 981 MAIGNAUT, tailleur, à Marseille. — Un vêtement confectionné sur mannequin.

1061 — 997 MARTINET (Jules), à Marseille. — Articles de postiches en cheveux.

1062 — 990 MAURÉS (Jean), à Marseille. — Chaussures diverses.

1063 — 1066 MOLLIÈRE (J.), à Lyon. — Machines à coudre.

1064 — 994 MOSSÉ (Léon), à Marseille. — Vêtements confectionnés pour dames.

1065 — 993 NICOLAS (P.), à Lyon. — Velours cramoisis pour selles, écharpes, tentures.

7*

1066 — 1029 MONAT (E.), à Paris.— Chaussures diverses brevetées.

1067 — 1070 SAGE ET Cie, à Lonnoy.—Courtes-pointes piqués Anglais, représenté par MASSABO FRANÇOIS, à Marseille.

1068 — 1064 PAGET (LOUIS), à Marseille.— Outil nouveau genre dit passe-carreau.

1069 — 998 PARLATO (F.-CHARLOTTE), à Marseille. —Tableau, coussin en velours brodé en relief.

1070 — 970 PAULET (A.), chemisier, à Montpellier. —Chemises toiles fines.

1071 — 1010 PEPI (FRANÇOIS), à Marseille.—Mole-tières pour militaires.

1072 — 964 PERRIER (CLÉMENT), à Marseille.— Volières diverses.

1073 — 1039 PICOLET (ANTOINE), à Marseille.— Fleurs artificielles.

1074 — 1057 PITT (FRANÇOIS), à Marseille.—Une Vitrine contenant manchons, zibeli-nes et tapis de fantaisie.

1075 — 1009 POIRIER (P.), à Chateaubriant. — Chaussures de chasse et de ville variées.

1076 — 989 PROU-GAILLARD fils, à Marseille.— Futailles en bois cerclées en fer, dites futs sans coulage.

1077 — 1069 RAIMOND cadet, à Marseille.— Che-mises et devants de chemises.

1078 — 988 RAIMOND fils (A. F.), à Marseille.—
Chemises, mouchoirs et vêtements de
chambre.

1079 — 1045 REGNIER (JOSEPH), à Marseille.—Gravures sur liège.

1080 — 1004 RICHAUD frères, à Marseille.—Chapeau
de soie et en feutre.

1081 — 966 RICHAUD (ANTOINE), à Marseille. —
Chapeau de soie et en feutre intérieur
en liège.

1082 — 1062 ROUBY, instituteur, à Fa (Aude).—
Echantillons de dentelles Belge.

1083 — 1052 ROUX (JEAN-BAPTISTE), à Marseille.—
Chaussures cousues et clouées pour
homme et femme.

1084 — 976 ROY ainé, à Lyon.—Pipe Roy, système
injutable en bruyère et argent.

1085 — 1059 SALVAT (F. PHILOMÈNE), à Arques.—
Dentelles Belges.

1086 — 1018 SARDOU frères, à Marseille.—Chapeau
de soie et feutre, forme-mode.

1087 — 1046 SAVART, à Paris.—Chaussures en tous
genres.

1088 — 1095 SALLET, à Marseille.— Chaussures.

1089 — 1015 SCHWALBÉ, à Marseille.—Fourrures
et pelleteries.

1090 — 1017 TASTAVI (JEAN), à Marseille.— Parapluies, ombrelles, cannes, éventails.

1091 — 1013 TERRASSON (Jean), à Béziers. — Cheminées diverses.

1092 — 1102 TESI (Pietro), à Marseille.— Chapeau de paille d'Italie.

1093 — 1028 TEYSSIER et CALMELS, à Millau.— Gants de peau d'agneau cousus et non cousus.

1094 — 992 THOMAS (Aléxandre), à Beaucaire.— Un vêtement complet, en coutil.

1095 — 1061 TOUTON (Félix), à Marseille.— Un Pardessus, un paletot, un burnous pour dame.

1096 — 1166 TROUCHE (Jacques), à Marseille.— Une paire brodequins blancs.

1097 — 1054 VALIARGUE (B.), à Marseille.— Corsets et ceintures divers.

1098 — 1005 VAULPRÉ sœurs, à Marseille.— Un tableau brodé représentant une marine, un tapis brodé.

1099 — 1049 VERGNE (Jean) à Montpellier.—Chaussures diverses.

1100 — 987 VIDAL (André-F.) à Narbonne.—Tiges de bottines et empeigne de soulier.

1101 — 1055 Vve VIEIL et VALLAGNES, à Marseille. —Chapeaux souples et matières premières de la chapellerie.

FIN.

www.ingramcontent.com/pod-product-compliance
Lightning Source LLC
LaVergne TN
LVHW021743170726
843503LV00004B/1695